*Motorrad*

**Guide & Roadbook**

# Die schönsten

# Routen in
# Nordrhein-Westfalen

Anne Christine Martin
Stefan Feldhoff

BRUCKMANN

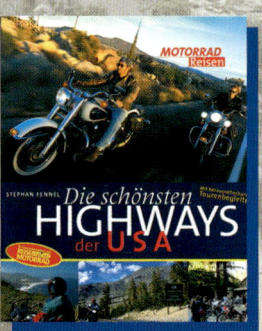

Endlose Industriegebiete, Wohnsilos, Hochöfen, Krupp-Stahl – typische Klischees für Nordrhein-Westfalen. Bei genauerer Betrachtung jedoch entpuppt sich das viertgrößte Bundesland als absolut reisetauglich und gegenüber Motorradfahrern als äußerst gastfreundlich. Nicht zuletzt gibt es in Nordrhein-Westfalen die meisten Motorradfahrer

in ganz Deutschland. Auf Platz zwei liegt Bayern, mit weitem Abstand gefolgt von Baden-Württemberg.

Das Land an Rhein und Ruhr bietet herrliche Motorradstrecken durch abwechslungsreiche Landschaften. Entdecken Sie mit diesem Reiseführer die goldgelben Getreideteppiche im Münsterland, herrliche Kurven im Teutoburger Wald, das romantische Sauerland oder eine der schönsten Rennstrecken der Welt, den berühmten Nürburgring in der Eifel. Immer wieder stößt der Reisende auf Spuren germanischer und römischer Geschichte. Mindestens genauso spannend aber ist die Begegnung mit den Einheimischen, den lustigen Rheinländern und eher ruhigen Westfalen.

*Industrie und Kunst: Das Rheinorange mit Harley im Duisburger Hafen Ruhrort.*

Lixi Laufer
(Herausgeberin und Chefredakteurin
von REISE MOTORRAD)

Eine Produktion des Bruckmann-Teams, München
Lektorat: Solveig Michelsen
Layout und Satz: Rüdiger Wagner, Nördlingen
Kartografie: Elsner & Schichor, Karlsruhe
Umschlaggestaltung: Studio Schübel, Werbeagentur GmbH, München

**Bildnachweis**
Umschlagvorderseite: Feldhoff & Martin
Alle Fotos im Innenteil von Feldhoff & Martin außer Seite 68/69, 72,
74, 77, 98/99, 100/101, 103, 104,107 von Frank Ratering, Köln. Re-
cherche und Text zu Tour 9: Eifel stammen von Norbert Meiszies, Köln;
Jutta Volderauer, Freiburg recherchierte den Text zu Route 10: Mosel.
Autoren und Verlag bedanken sich für die freundliche Unterstützung.

Alle Angaben dieses Werkes wurden von den Autoren sorgfältig re-
cherchiert und auf den aktuellen Stand gebracht sowie vom Verlag
auf Stimmigkeit geprüft. Für die Richtigkeit der Angaben kann jedoch
keine Haftung übernommen werden. Für Hinweise und Anregungen
sind wir jederzeit dankbar. Bitte richten Sie diese an den Bruckmann
Verlag, Lektorat, Postfach 80 02 40, München

Gedruckt auf chlorfrei gebleichtem Papier

Die Deutsche Bibliothek – CIP Einheitsaufnahme
Ein Titeldatensatz für diese Publikation ist bei
Der Deutschen Bibliothek erhältlich

In Zusammenarbeit mit der Zeitschrift REISE MOTORRAD/ride on!,
die in der Lila Publishing Verlags GmbH, München, erscheint.
E-Mail: redaktion@reisemotorrad.de
Internet: www.reisemotorrad.de

Gesamtverzeichnis gratis:
Bruckmann Verlag, 81664 München
Internet: www.bruckmann.de

© 2002 Bruckmann Verlag, GmbH, München
Alle Rechte vorbehalten.
Printed in Italy by Printer Trento S. r. l.
ISBN 3-7654-3688-7

## Touren

## Fahren mit dem Roadbook

Damit Sie die schönsten Touren ungehindert genießen können, erhalten Sie von uns das Roadbook zum schnellen Überblick zum Mitnehmen.

Mit Hilfe der Wegbeschreibungen und Kurzinfos erfahren Sie kurz und knapp, welche Abzweigungen Sie nehmen müssen und welche Attraktionen Sie am Straßenrand erwarten.

Am Anfang erhalten Sie einen kurzen Überblick über die Region und über den Routenverlauf. Das Roadbook selbst ist in übersichtliche Spalten aufgeteilt mit folgenden Informationen:

Die Kennzeichnungen **Nr./km** zählen die Kreuzungen und deren jeweilige Entfernungen zwischen den einzelnen Roadbook-Positionen auf.

**Straße** bezeichnet die Strecke mit der offiziellen inländischen Bezeichnung, auf der Sie sich befinden.

**Position** nennt die Ortschaft oder den Ort, an dem Sie sich gerade befinden.

Die Spalte **Richtung** weist darauf hin, welche Richtung Sie einschlagen müssen, um in einen Ort zu gelangen.

**Piktogramme** geben Ihnen genaue Anweisungen, welchen Abzweigungen Sie an den Kreuzungen folgen sollten.

Weitere Piktogramme finden Sie in der Spalte **Information**. Hier werden Sie auf besondere Sehenswürdigkeiten oder Übernachtungsmöglichkeiten hingewiesen.

Die Roadbooks finden Sie ab Seite 121.

### Die einzelnen Piktogramme:

| | | | |
|---|---|---|---|
| ✳ | Sehenswert | 🅃 | Tankstelle |
| 🅱 | Kirche | ⬱ | Badestrand |
| 🅂 | Schloss | 🅿 | Parkplatz |
| 🏛 | Museum | 🅲 | Campingplatz |
| ❋ | Aussicht rundum | 🅰 | Alternative, Abstecher |
| ❧ | Aussicht halb | ⛴ | Fähre/Schiff |
| ⚠ | Achtung | 🅸 | Info |
| 🄷 | Hotel/Übernachtung | 🅃 | Turm |
| 🕳 | Höhle | 🅻 | Leuchtturm |
| ❌ | Bikerfreundliche Gaststätte | | |

## Nordrhein-Westfalen
## erleben und entdecken

*Zwillings-*
*brocker*
*Venn*

Fragt man einen Rheinländer, beispielsweise den Kölner Kabarettisten Jürgen Becker, nach dem Zusammenleben von Westfalen und Rheinländer, so lautet die Antwort: »Es ist

furchtbar. Aber — es geht.« Na, immerhin. Denn in der Tat sind die Unterschiede zwischen den beiden Namensgebern des viertgrößten deutschen Bundeslandes enorm.

Der motorradfahrende Besucher jedoch profitiert von der Vielfältigkeit der Landschaften und dem unterschiedlichen Temperament seiner Bewohner. Gelten die Westfalen den

Rheinländern als sture Bauernschädel, behaupten die Westfalen, sie hielten, was die Hallodris vom Rhein nur versprechen würden. Auf unserer Rundfahrt durchs Münsterland und einer Rollertour durch Köln, konnten wir feststellen: Die Wahrheit liegt – wie so oft – in der Mitte, also im Ruhrgebiet.

## Vielfalt der Kulturen

Das mit 18 Millionen bevölkerungsreichste Bundesland weiß sein Vielvölkergemisch zu integrieren und schätzen – es lebt

von seinen Bereicherungen. Im Pott ist die Vielfalt der Kulturen am buntesten; Zuwanderung hat hier Tradition. Bereits vor über 100 Jahren kamen Bergleute aus Polen und Schlesien in den Pott. Dass das Ruhrgebiet mehr als Schimanski und Schal-ke drauf hat,

*Von wegen schmierige Pfoten*

haben wir im Gespräch mit Kumpel Karl (Route 4) erfahren.

## Sprachprobleme

Eine unsichtbare Grenze schlängelt sich mitten durch den Pott, eine Sprachgrenze, die von den Sprachforschern plakativ als wohl-wat-Grenze bezeichnet wird. Niederdeutsch: wohl; rheinländisch: wat. Aber es gibt noch andere Ungereimtheiten in Nordrhein-Westfalen, beispielsweise der Name. Westfalen ist ja soweit klar: Münster und Paderborn, wohl! Aber Nordrhein? Bezeichnen Sie mal einen Kölner als als Nordrheinländer. »Wat soll der Quatsch?« dürfte noch die harmloseste Entgegnung sein. Geografisch korrekt müsste es wohl Niederrhein heißen, und der hört irgendwo bei

Düsseldorf auf. Emotional betrachtet gehört auch der Mittelrhein, wo Deutschlands größter Strom am schönsten ist, zu
Nordrhein-Westfalen, obgleich die Landesgrenze knapp südlich von Bonn bei Sinzig liegt. Sprachlich gesehen ist der
schöne Singsang des rheinischen Dialekts nicht nur am
Rhein südlich von Bonn und Köln, sondern auch an der Mosel und in der Eifel hörbar vertreten.

## Ein künstliches Gebilde mit Tradition

Zieht man alle Gegensätzlichkeiten in Betracht, so kann man
Nordrhein-Westfalen durchaus als ein künstliches Gebilde
bezeichnen. Nach dem Zweiten Weltkrieg hoben es die britischen Besatzungsmächte aus der Taufe, Düsseldorf wurde
Landeshauptstadt. Es mag ein Kunstprodukt sein, aber es
blickt auf eine lange und große Tradition zurück. Im Teutoburger Wald wandeln wir auf den Spuren der berühmten
Varus-Schlacht (Route 2). Germanische Mythen entdecken
wir an den Externsteinen, römische Baukunst hingegen im

*Auf einsa-
men Pfaden
die Natur
erleben*

11

niederrheinischen Xanten (Route 3) und natürlich in Köln, wo das Römisch-Germanische Museum einen hervorragenden Überblick bietet (Route 7). Das Mittelalter erkunden wir auf einer Burgentour entlang des Rheins (Route 8). Burgen, vor allem prächtige Wasserburgen, gilt es auch im Münsterland (Route 9) und am Niederrhein zu entdecken. Über die Geschichte der Industrialisierung und des Strukturwandels in jüngerer Zeit konnten wir auf unserer Tour entlang der Ruhr nachdenken. Für Motorradfahrer ist Nordrhein-Westfalen ein ausgesprochen interessantes und vielseitiges Gebiet zum Touren, zum Entdecken

*Die Externsteine und Burg Stahleck*

und zum Wohlfühlen. Wahrscheinlich deswegen hat das Motorradeln an Ruhr und Rhein seit jeher ein hohen Stellenwert. Immerhin verfügt das Wirtschaftsland Nordrhein-Westfalen über 14 großflächige Naturschutzgebiete; ein Viertel des Landes ist mit Wald bedeckt.

## Touren und genießen

In den nördlichen Landesteilen bieten sich geruhsame Fahrten an, zu den Wasserschlössern des Münsterlandes, entlang des breit dahinfließenden Niederrheins oder durch den Teutoburger Wald. Im Süden hingegen warten das Bergische Land (Route 5), das Sauerland (Route 4) und die Eifel (Route 9) auf kurvensüchtige Motorradler. Dazwischen das Ruhrgebiet, das trotz seiner dichten Besiedlung manche grüne Offenbarung zum Motorradfahren bereit hält. Köln, der heimlichen Hauptstadt von Nordrhein-Westfalen, haben wir ein eigenes Kapitel gewidmet. Die Vielfältigkeit erweist sich auch auf kulinarischem Gebiet. Westfälischer Schinken und Korn auf der einen Seite; rheinischer Sauerbraten und Riesling auf der anderen. Die hervorragenden Biere des Sauerlandes werden nach Pilsner Art gebraut, während man am Rhein dem obergärigen Kölsch den Vorzug gibt. Gleich wie, auf seine Kosten kommt man in Nordrhein-Westfalen allemal.

## ALLGEMEIN

Nordrhein-Westfalen ist mit einer Fläche von 34.075 km$^2$ das viertgrößte und mit 18 Mio. Einwohnern das bevölkerungsreichste Bundesland. Knapp ein Viertel der deutschen Gesamtbevölkerung lebt hier. Zwei Drittel des Landes zählt man zur Norddeutschen Tiefebene, das restliche Drittel zum Rheinischen Schiefergebirge. Prägend sind die Industrielandschaften an Rhein und Ruhr. Jede dritte deutsche Großstadt befindet sich auf nordrhein-westfälischem Boden. Doch sind Naherholungsgebiete und grüne Reiseziele in erstaunlichem Ausmaß vorhanden, Ein Viertel des Landes ist bewaldet, knapp ein Drittel sind Naturparks. Politisch gesehen teilt sich das Land in fünf Regierungsbezirke auf: Düsseldorf, Köln, Münster, Detmold, Arnsberg; Sitz der Landesregierung ist Düsseldorf.

Besiedelt war der Kölner Raum bereits in der Steinzeit. Mit Cäsar kamen die Römer an den Rhein und blieben, bis sie im 5.Jh. von den Franken vertrieben wurden. Das Kernland des Reiches von Karl dem Großen lag im heutigen Nordrhein-Westfalen. Im Mittelalter begann man mit dem Bau des Kölner Doms. Zahlreiche weitere sakrale Bauwerke und Burgen wurden errichtet.

Im Zuge der Französischen Revolution fielen die linksrheinischen Gebiete an Frankreich, 1815 gelangten Westfalen und das Rheinland zu Preußen. 1888 wurde der Kölner Dom vollendet. 1946 wurde auf Beschluss der britischen Militärregierung das Land Nordrhein-Westfalen gebildet.

 **KLIMA UND REISEZEIT**

Das Wetter in Nordrhein-Westfalen wird vom Meer bestimmt. Tief- und Hochdruckgebiete ziehen in schöner Regelmäßigkeit über das Land. Im Bergischen Land und im Sauerland regnet es verhältnismäßig häufig. In den Sommermonaten kann es aber durchaus längere Zeit schön bleiben. Auch ist während der Urlaubswochen die Stimmung in den Städten gelassener, der Verkehr auf den Straßen weniger dicht. Als Reisezeit beliebt sind – nicht nur unter Motorradfahrern – Herbst und Frühjahr.

Auf eine Regenkombi im Gepäck sollte man auch während der Sommermonate nicht verzichten. Wärmende Unterwäsche und Heizgriffe sind in den übrigen Jahreszeiten angeraten. Der Winter kann aufgrund des vorherrschenden Schmuddelwetters kaum empfohlen werden. Doch hat eine Schneetour durchs Sauerland oder durch die Eifel, richtige Ausrüstung und blauer Himmel vorausgesetzt, ihre eigenen Reize.

 **ANREISE**

Von Norddeutschland führt die Autobahn A 1 (Hamburg – Köln), vom Osten die A 2 (Berlin – Oberhausen) von Süden die A 3 (Frankfurt – Köln), die A 45 (Frankfurt – Dortmund) oder die A 61(Worms – Mönchengladbach) nach Nordrhein-Westfalen. Das Verkehrsnetz im Lande selbst ist mit über 2200 km Autobahn und 5100 km Bundesstraße überaus dicht. Empfehlenswert ist die Anreise durch das Rheintal von Mainz oder Wiesbaden aus; siehe auch Route 8: Mittelrhein.

## ❶ ALLGEMEINE INFOS

Jeder nur halbwegs touristisch interessante
Ort hat sein Fremdenverkehrsamt, das nicht
selten im Rathaus angesiedelt ist. Die regionalen Fremdenverkehrsämter und Informati-
onsbüros sind bei den jeweiligen Routen
aufgeführt. Übernachtungsverzeichnisse und
Broschüren zu den einzelnen Regionen erhält man auch bei:

• **Landesverkehrsverband Rheinland**
Rheinallee 69
53173 Bonn
Tel. (0228) 36 29 21
Fax (0228) 36 39 29
E–Mail lvv@rheinland-info.de
Internet www.rheinland-info.de

• **Landesschaftsverband Rheinland**
Amt für Öffentlichkeitsarbeit
Kennedy-Ufer 2
50679 Köln
Tel. (0221) 8 09-0
oder (0221) 8 09-2200
Internet www.lvr.de

• **Landesverband Westfalen**
Friedensplatz 3
44135 Dortmund
Tel. (0231) 52 75 06
Fax (0231) 52 75 08

• **Kommunalverband Ruhrgebiet**
Abt. Öffentlichkeitsarbeit
Kronprinzenstraße 35
45032 Essen
Tel. (0201) 2 06 90
Fax (0201) 2 06 95 01

• **Rheinland-Pfalz Tourismus GmbH**
Löhrstraße 103–105
56068 Koblenz
Tel. (0261) 9 15 20-0
Fax (0261) 9 15 20-40
E–Mail info@rlp-info.de
Internet www.rlp-info.de

## ÜBERNACHTUNGEN

• **Motorradfreundliche Hotels**
In Nordrhein-Westfalen haben sich zahlreiche Hotels auf die besonderen Ansprüche
von Motorradfahren eingerichtet. Viele werden von aktiven Motorradfahrern geleitet.
Manche pflegen ihren besonderen Service
schon seit Jahrzehnten, andere haben erst
jetzt die Zeichen der Zeit erkannt. Wir selbst
haben immer gerne in diesen Häusern über-
nachtet. Was natürlich nicht heißt, dass Motorradfahrer in anderen Hotels schlechter
untergebracht wären. Wer gerne unter
Gleichgesinnten weilt, findet im Internet unter www.motorradsuche.de/sucheu2.htm
über 400 Motorradhotels europaweit. Die
ausführlichen Beschreibungen der Hotels
sind nach Postleitzahlen geordnet. Die Postleitzahlen in Nordrhein-Westfalen beginnen
mit 3, 4 oder 5 Vorbuchen ist im allgemei-
nen nur während der Saisonspitzen, an
Ostern, Pfingsten und langen Wochenden
erforderlich. Die Preise der empfohlenen
Hotels liegen im Bereich des Üblichen.

• **Jugendherbergen**
Auch in den Jugendherbergen muss man
nicht unbedingt auf Schusters Rappen an-
kommen. Schlüssel zu den Jugendherbergen
ist die Mitgliedskarte des Deutschen Jugend-
herbergswerks (DJH). Informationen zur Mit-
gliedschaft, Standorte und Preise erhält man
beim:

DJH-Service-Center
Düsseldorfer Straße 1
40545 Düsseldorf
Tel. (0211) 57 70 3-20/-49/-57
Fax (0211) 57 70 3-50
E-Mail service-center@djh-rheinland.de
oder
DJH
Postfach 14 55
32754 Detmold
Tel. (05231) 7 40 10
oder
DJH Landesverband Westfalen-Lippe
Eppenhauser Straße 65
58093 Hagen
Tel. (02331) 9 51 40
Fax (02331) 95 14 38

## CAMPINGPLÄTZE

Wer das Zelten nicht dem Zufall überlassen
will, findet im ADAC-Campingführer eine
gute Auswahl an Campingplätzen. Auch die
regionalen Verkehrsverbände versenden Ver-
zeichnisse.
ADAC Campingreferat
Am Westpark 8
81373 München
Tel. (089) 76 76-0
Internet www.adac.de (Angabe der ADAC-
Mitgliedsnummer erforderlich)

Deutscher Camping Club
Mandlstraße 28
80832 München
Tel. (089) 3 80 14 20

## NOTRUF/PANNENHILFE

| | |
|---|---|
| 1 10 | Polizei |
| 1 12 | Feuerwehr |
| 24 24 | Pannendienst |

## MOTORRADFAHREN

### • Fahrverhalten

Das Motorradfahren in Nordrhein-Westfalen
stellt keine extremen Anforderungen an den
Fahrer. Die Straßen sind sehr gut ausgebaut
und ausgeschildert. Allerdings gestaltet das
hohe Verkehrsaufkommen das Vorwärtskom-
men in den Städten und Ballungsgebiet
manchmal recht langwierig. Beliebt sind daher die Landstraßen im Sauerland, im Bergischen und in der Eifel. Hier macht das Fahren
richtig Spaß. Aber Vorsicht: Die Strecken sind
oft sehr kurvenreich und können sich unvermittelt verengen, oder der Fahrbahnbelag
wechselt. Im Herbst verwandeln Laub und
landwirtschaftliche Verschmutzungen die
Straßen in Rutschbahnen. In den Urlaubs-
regionen und an den Stauseen sind oft Wan-
derer, Kinder und Radfahrer unterwegs.

### • Sicherheitsvorkehrungen

Für jede Motorradtour sollte man in guter
körperlicher und seelischer Verfassung sein,
die Reflexe müssen stimmen. Auf Alkohol
sollte man beim Motorradfahren ganz verzichten. Ein gut sitzender, der ECE Norm 22
entsprechender Helm sowie gut sichtbare
Schutzkleidung aus Leder oder modernen
Textilien, möglichst mit Protektoren, sind
eine Selbstverständlichkeit. Dazu kommen
Stiefel, Nierengurt, Motorrad-Handschuhe
und gegebenenfalls wärmende Bekleidung.
Wer friert, reagiert langsamer.
Das Motorrad sollte technisch einwandfrei
sein und vor der Ausfahrt nochmals durch-

gecheckt werde. Profiltiefe der Reifen: mindesten 3 mm. Kurven von außen anfahren, Risiken vermeiden, aufpassen, dass Kopf und Oberkörper bei Schräglage nicht in die Gegenfahrbahn ragen.

**• Gruppenfahrten**
Ausflüge zusammen mit Freunden und Bekannten werden immer beliebter. Doch gerade das Fahren in der Gruppe erfordert besondere Konzentration. Besonders, wenn die Motorraderfahrung der einzelnen Gruppenmitglieder unterschiedlich ist. Mehr als acht Motorräder sollte eine Gruppe nicht umfassen. Lieber sich aufteilen und einen gemeinsamen Treffpunkt vereinbaren. Dann kann gewechselt werden. Ein streckenkundiger oder erfahrener Pilot übernimmt die Spitze, ein zweiter macht das Schlusslicht, die Greenhorns kommen in die Mitte. Innerhalb der Gruppe nicht überholen. Wenn einer verloren gehen sollte, bei der nächsten gut sichtbaren Haltemöglichkeit warten. Und immer gemeinsam tanken, sonst wird aus dem Wochenendausflug schnell eine Tankstellenrundfahrt.

**• Motorradtreffpunkte**
Durch das Gemeinschaftsgefühl unter den Motorradfahrern haben sich im Laufe der Zeit eine Vielzahl von Motorradtreffs etabliert. Hier trifft man immer jemanden, um sich zu unterhalten und Neuigkeiten auszutauschen. Bei den Routenbeschreibungen werden die interessanten Treffs beschrieben oder erwähnt. Aber natürlich können nicht alle genannt werden. Hier die beliebtesten Treffpunkte:
– Duisburg-Kaiserberg: Zoo, sonntags
– Ruhrstausee/Eifel
– Café Fahrtwind: Ahrbrück/Eifel
– Hohensyburg: Autobahnabfahrt A1: Hohensyburg
– Haltern: südliches Münsterland
– Route 67: Gescher/Münsterland
– Sorpesee: Langenscheid/Sauerland
– Möhnesee: B 516:Sauerland
– Rhein-Weser-Turm: Sauerland

## NICHT VERGESSEN!

- ○ **Personalausweis oder Reisepass**
- ○ **Führerschein**
- ○ **Grüne Versicherungskarte**
- ○ **Geld und EC- oder Kreditkarte**
- ○ **Werkzeug**
- ○ **Reifenflick-Set**
- ○ **Ersatzvisier**
- ○ **Erste-Hilfe-Set**
- ○ **Thermounterwäsche**
- ○ **Regenkombi o. ä.**
- ○ **Sommer- und Winterhandschuhe**

# Westfälischer Frieden

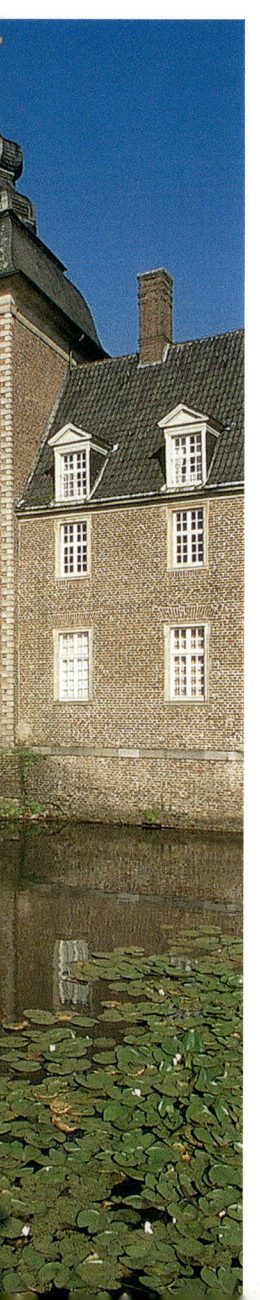

Wasserschlösser gehören zum Münsterland ebenso wie goldgelbe Getreideteppiche, saftig grüne Pferdekoppeln und ein weiter Horizont. Unter einem blauen Himmel mit hohen Wolkenschiffen gleiten wir entspannt und ruhig von einem Schloss zum anderen.

**W**o, bitte, finden wir die Düwelsteene?« »Ganz einfach,« ruft der Bauer vom stotternden Traktor herab, »fährst dat erste Sträßken rechts, dann den Sandweg links, ist ausgeschildert.« Im Münsterland ist immer alles ausgeschildert. Wir finden die Düwelsteene. Viertausend Jahre liegen sie nun im Wald herum, so lange wird das Münsterland schon besiedelt. Für Archäologen ein Hünengrab,

*Schloss Anholt beherbergt ein feines Hotel, einen Gourmettempel und ein kleines Museum.*

**WESTFALEN**

21

glaubt der Volksmund jedoch, der Teufel persönlich habe sie hierher geschleudert, aus Wut über die Einweihung des Aachener Doms.

### Glockengießerstadt Gescher

Es ist nicht immer einfach, seinen Weg durchs Münsterland zu finden. Wo ist die stille, weite Landschaft, die so gerne beschrieben wird? Das Weiße und das Schwarze Venn, einst Moorlandschaften, existieren nur noch auf der Karte. Unsere Triumph schnurrt schnurgerade Bundesstraßen entlang, von einem Verkehrskreisel zum nächsten. Gewerbegebiete und blitzadrette Wohnparks sind fein säuberlich ausgeschildert. Im Städtchen **Gescher** beleben sich die Straßen. Rund um den Dom breitet sich das kleine Stadtzentrum aus, wir nehmen im „Domhotel" Quartier. Das Nachtmahl mit hausgemachtem Schinken und deftigem Brot, dazu einen Münsterländer Korn, fällt zu unserer völligen Zufriedenheit aus.

> **TIPP**
>
> **Motorradfahren im Münsterland heißt ruhiges Motorradwandern. Abwechslung in Form von Kurven findet man vor allem in den Baumbergen, die zwischen den Ortschaften Billerbeck, Nottuln und Havixbeck liegen. Der Höhenzug westlich von Münster erreicht eine Höhe von 182 Metern.**

Am Morgen weht, wie könnte es in einer Glockengießerstadt anders sein, der warme Klang einer Glocke ins Hotelzimmer und weckt unsere Neugier auf das mittelalterliche Geburtshaus für Glocken. Hier werden noch immer Laden-, Hof- und Schiffsglocken und natürlich Kirchenglocken nach alter Väter Brauch förmlich aus der Erde gehoben. Doch finden wir die Glockengrube leer vor. Nur viermal im Jahr wird das glühende Metall in die Formen gegossen.

### Route 67

Vor den Toren der Stadt liegt der Motorradtreff »Route 67«. Schon vormittags treffen sich hier die Biker auf einen zweiten Kaffee. Bei Pommes mit Würstchen auf der Hand wird geplauscht und gefachsimpelt. So ganz nebenbei erhaschen wir ein paar Tipps fürs Wochenende: Die schönsten Motor-

radstrecken des Münsterlandes findet man in den Baumbergen, mit richtigen Kurven. Naturfreunde steuern das Zwillingsbrocker Moor an der holländischen Grenze an. Oder man unternimmt eine Rundfahrt zu den angeblich 100 Schlössern des Münsterlandes, die im Wasser liegen.

*Windmühle bei Ahaus*

## Die Wasserschlösser

Über dem Land, das flach liegt wie ein Kuchenbrett, flimmert bereits die Hitze. Trotzdem rattern die Erntegeräte über die Felder und sammeln die Ähren von den Halmen für die Münsterländer Pumpernickelberühmtheiten. Aufgewühlter Staub liegt über den trockenen Feldern und verdunkelt die Sonne. Erquickender ist's zu dieser Tageszeit unter Sonnenschirmen auf der wasserumspülten Terrasse von **Schloss Anholt**, dem Feinschmeckerlokal, bei einem Riesenhimbeersahneeis. Wer den Schatten der riesigen Bäume im gegenüberliegenden

**WESTFALEN**

Park genießen will, dem wird allerdings Eintritt abverlangt.

Frau Annette von Droste-Hülshoff hingegen gewährt kostenlosen Eintritt in ihr Anwesen bei **Havixbeck**. Sozusagen als Entschädigung für die Qualen, die die Dichterin uns Schülern mit ihrer Novelle »Die Judenbuche« seinerzeit bereitet hat. Während Touristen wie gewohnt

### TIPP

Einen Hauch »American way of life« umweht das »Route 67«. Der Motorradtreffpunkt an der Bundesstraße zwei Kilometer südlich von Gescher hat sich zu einem beliebten Anlaufpunkt für Motorradler im Münsterland entwickelt. Für das leibliche Wohl sorgt die Familie Poslednik. Geöffnet täglich von 10 bis 22 Uhr, Tel. (02542) 33 55.

*Linke Seite: Glockengießerei in Gescher*

*Motorradtreff: Route 67*

WESTFALEN

*Die Düwel-steene*

ihre Nasen in alle Ecken von Schloss, Kapellchen und Museum stecken, lässt die in Bronze gegossene Dichterfrau ihren melancholischen Blick über sanft gebändigte Natur mit stattlichen Bäumen, übers samtgrüne Wasser, das in zierlichen Wellen gegen das alte Schlossgemäuer plätschert, schweifen. Der Schlossgärtner zupft pedantisch jedes unartig wachsende Hälmchen vom Wegesrand.

Ungezügelte Natur gibts eingezäunt im **Zwillingsbrocker Venn**. Sogar umgebrochene Bäume, die im Morast des Schilfgürtels vermodern dürfen, Binsen und Wassergrütze, dazu mehrsprachige, lautstarke Vogelunterhaltung. Der Lachmövensee. Er ist ein Tümpelparadies auf fünfunddreißig Hektar, idyllisches Zuhause für Vögel aller Art, auch für ausgebüchste Flamingos. Die Triumph muss natürlich draußen bleiben. In Schwung kommt das Motorrad wieder auf der Fahrt zu unserem letzten Ziel: **Münster**. Die westfälische Hauptstadt wartet mit studentischer Ungezwungenheit und zahlreichen Sehenswürdigkeiten auf. Im Dom kann eine astronomische Uhr bestaunt werden und an der Lamberti-Kirche hängen noch die Käfige, in denen man die Wiedertäufer zu Re-

**TIPP**

Friedlich über dem Münsterland schweben. Fahrten in einem Heißluftballon organisiert der Verkehrsverein Ascheberg, Tel. (02593) 6 09 36 und der Verkehrsverein Emsdetten Tel. (02572) 8 26 66.

formationszeiten elendig verdursten ließ. Im Rathaus hingegen wurde 1648 der Westfälische Frieden besiegelt, der dem Dreißigjährigen Krieg eine Ende setzte und in einer gewissen Art und Weise noch heute nichts von seiner Gültigkeit verloren hat.

| Nr. | Straße km | Position | Richtung | Information | |
|---|---|---|---|---|---|
| 12 | B 54 15 km | Münster | ↑ | zahlreiche Sehenswürdigkeiten | B 54 15 km |
| 11 | 13 km | Altenberge | | lohnender Umweg durch die Baumberge | 13 km |
| 10 | 8 km | Havixbeck | | in Richtung Münster, abbiegen Altenberge | 8 km |
| 9 | 5 km | Laer | | in Richtung Havixbeck | 5 km |
| 8 | 41 km | Horstmar | | über Billerbeck und Darfeld in Richtung Steinfurt | 41 km |
| 7 | B 51 12 km | Sythen | | nach Dülmen und weiter auf der B 51 in Richtung Senden/Münster | B 51 12 km |
| 6 | 7 km | Klein Reken | | in Richtung A 43, weiter nach Sythen | 7 km |
| 5 | 9 km | Groß Reken | | in Richtung A 31, weiter über Landstraße | 9 km |
| 4 | 14 km | Düwelsteene | ↑ | über Velen in Richtung Heiden, Nebenstrecke | 14 km |
| 3 | 27 km | Gescher | | über Wendtfeld und Stadtlohn nach Gescher | 27 km |
| 2 | 29 km | Vreden | | in Richtung Vreden reizvolle Nebenstraße | 29 km |
| 1 | B 67 18 km | Isselburg-Anholt | ↑ | in Richtung Bocholt/Borken | B 67 18 km |

Dieses Roadbook zum Heraustrennen im Anhang

WESTFALEN

## INFORMATION

• **Münster**
Stadtwerbung und Touristik
Clemensstr. 10
48143 Münster
Tel. (0251) 4 92 27 10
Fax (0251) 49 77 43
Internet www.muenster.de

• **Dortmund**
Verkehrsverein Dortmund e.V.
Königswall 18 a
44137 Dortmund
Tel. (0231) 5 02 56 66
Fax (0231) 16 35 93
E-Mail touristinfo@stadtdo.de

## UNTERKUNFT

• **Gescher**
Domhotel
Kirchplatz 6
48712 Gescher
Tel. (02542) 98 86
Fax (02542) 76 58
Angenehmes Hotel im Zentrum der
kleinen Glockengießerstadt.

Jugendherberge
Coesfelder Straße 18
48734 Groß-Reken
Tel. (02864) 10 23
Fax (02864) 20 44

• **Münster**
Jugendgästehaus Aasee
Bismarkallee 31
48151 Münster
Tel. (0251) 53 82 80
Fax (0251) 52 12 71

## ESSEN & TRINKEN

- **Isselburg**
Hotel-Restaurant Schloß Anholt
46419 Isselburg
Direkt im Wasserschloß Anholt gelegen.

## SEHENSWERT

- **Wasserschlösser**
Über hundert sollen es im Münsterland sein.
Die bedeutendsten sind: Schloss Nordkirchen,
Schloss Senden, Schloss Westerwinkel, Schloss
Anholt, Burg Vischering, Schloss Kappenberg
sowie das Haus Hülshoff bei Havixbeck.

- **Münster**
Rathaus und Dom.

- **Merfelder Bruch**
Wildpferdebahn bei Dülmen,
geöffnet vom 1.3. bis 1.11.
Samstag, Sonntag und an Feiertagen
bei gutem Wetter 10–18 Uhr.

- **Gescher**
Glockenmuseum
Täglich außer Montag geöffnet,
10–12 Uhr und 15–17 Uhr,

sonntags nur 10–12 Uhr.
Besichtigungen der Glockengießerei können
unter Tel. (02542) 71 44,
Fax (02542) 9 80 12 vereinbart werden.

- **Zwillingsbrocker Venn**
Bei Vreden nahe der holländischen Grenze.
Hochmoor und Moorsee mit Inseln als Brut-
und Raststätte seltener Vögel.

## VERANSTALTUNGEN

- **Stadtlohn**
Oktober: Kiepenkerl-Sonntag.

- **Dülmen**
Letzter Samstag im Mai:
Wildpferdefang im Merfelder Bruch.
Informationen im Verkehrsamt

- **Ibbenbüren**
Juni: Motorrad-Veteranen–Rallye.

*Heinrich Heine verglich die Westfalen*
*mit sentimentalen Eichen – nicht*
*ohne Grund wie hier zu sehen ist.*

**WESTFALEN**

# Auf den Spuren der Germa

**Wenn es einen Anfang der Geschichte Deutschlands gibt, dann muss er wohl im Teutoburger Wald liegen. Wir machen uns auf die Spurensuche und erleben Wetter, Landschaft und Geschichte ganz hautnah.**

**D**ie Sicht verschlechtert sich zusehends. Es ist kaum auszumachen, ob's noch Nebel oder bereits Nieselregen ist. Nässe und Kälte sind längst unter die Lederkombi gekrochen. In den Kurven lauert nasses Laub. Vorsichtig tasten wir uns auf der glitschigen Fahrbahn vorwärts. Irgendwo muß doch ein Hinweisschild stehen! Genauso unwirtlich wird es damals gewesen sein, stelle ich mir vor. Vor 2000 Jahren, als das mächtige römische Heer hier im Teutoburger Wald vernichtend geschlagen wurde. Meine Phantasie läßt hinter jeder Eiche blonde Recken auftauchen, die mit kurzen Attacken die flüchtenden Rö-

*Am Hermanns-denkmal*

WESTFALEN

31

*Rechte Seite: Hermann zeigt sein sieben Meter langes Schwert.*

mer zur Verzweiflung treiben. Weit weg sind die rettenden Kastelle im Westen. Sturm, Regen und der dichte heimatliche Wald sind die besten Verbündeten der Angreifer; eine offene Feldschlacht vermeiden sie. Noch bevor der letzte Rest der 30 000 Krieger starken Armee aufgerieben wird und der Feldherr Publius Quintilius Varus sich in sein Schwert stürzen kann, taucht vor uns endlich der ersehnte Wegweiser zum **Hermannsdenkmal** auf.

## Das Monument

Das Monument ist eben jenem Cherusker-Fürsten gewidmet, der seinerzeit die Römer aus Germanien verjagte. Da steht er nun auf mächtigem Sockel und reckt sein sieben Meter langes Eisenschwert in die Höhe. Dessen Spitze verschwindet im Nebeldunst, das Monument weist immerhin eine Höhe von 53 Metern und 46 Zentimetern auf. Außer Hermann und uns befindet sich kein Mensch an diesem düsteren Ort. Der Aufstieg im Inneren des Denkmals bleibt verschlossen. Für heute verlassen wir Hermann und zirkeln das

*Alderwarte Berlebeck*

Motorrad über ein, zwei Serpentinen zum nächsten Ort. In **Hiddesen** finden wir ein Bett für die Nacht. An der Hotelbar haben sich die Nachfahren der siegreichen Germanen versammelt und trinken schweigend ihr Bier. Bedächtig wischen sie sich den Schaum von den blonden Bärten. Nur wenn eine Lage Korn ausgegeben wird, fallen ein paar Sätze.

## Geschichtsstunde

Uns bleibt an diesem ereignislosen Abend Zeit, die historischen Daten nachzuschlagen. Durch die unerwartete Niederlage im Teutoburger Wald wurde ein Zehntel

*Kurvenhatz
im Wald*

des gesamten römischen Heeres vernichtet, die Römer auf die Rheinlinie zurückgeworfen. Kaiser Augustus (30 v. Chr. – 14 n. Chr.) war verzweifelt: »Varus, gib mir meine Legionen wieder!« Aber auch der Cherusker-Fürst musste für den Sieg bitter büßen: Seine Gattin Tusnelda wurde vom eigenen Vater verraten, die Römer schleppten die schwangere Frau im Triumphzug durch Rom. Hermann selbst wurde im Alter von nur 37 Jahren von Neidern ermordet.

## Deutschtümelei

Eine fröhliche Morgensonne verscheucht die Nachtmären aus grauer Vorzeit. Eilig brechen wir auf, Hermann einen zweiten Besuch abzustatten. Die grüne Patina der kupfernen Figur hebt sich leuchtend gegen das Himmelsblau ab. Diesmal sind wir nicht allein. Eifrig strömen Heerscharen von Besuchern herbei. Jährlich sind es eine Million Leute, die das Denkmal besteigen. Von der Galerie des Sockels schweift der Blick über das schmale Band des Teutoburger Waldes. Der erste Stein zum Denkmal wurde 1838 gesetzt, aber erst 1875 war das Monument nach Plänen von Ernst von Bandel mit dem Einlassen des Schwertes in die Faust vollendet. Zur Einweihung am 16. August 1875 erschien seine Majestät Kaiser Wilhelm I. höchstselbst.

**TIPP**

Das »Art Kite Museum« in Detmold zeigt phantasievolle Drachen, gestaltet von Hundertwasser, Vasarely oder Niki de St.Phalle. Die »Bilder für den Himmel« sind ein Erlebnis. Tel. (05231) 30 99 37.

## Geheimnisvolle Externsteine

Wir verlassen Hermann und folgen den abgelegenen Längstälern des südlichen Teutoburger Waldes. Der Weg führt an der **Adlerwarte Berlebeck** vorbei. Für die Adler wäre es nur ein kurzer Flug bis zu den **Externsteine**, die ihnen eine angemessene Heimat bieten würden. Fünf Felsen ragen bis zu 38 Meter hoch aus dunklem Tann hervor; ein Anblick vorweltlicher Größe, den die kleine, bogenförmige Brücke zwischen zwei der Felsen noch unterstreicht. Sie führt zu einer Kammer im mittleren Felsen, in dessen Mitte ein Altar steht, darüber öffnet sich ein Rundloch, durch das am 21. Juni das Licht der aufgehenden Sonne einfällt. Es verwundert kaum, dass der Platz mit Vorliebe von esoterisch gesinnten Zeitgenossen aufgesucht wird, die in den Externsteinen ein deutsches Stonehenge erblicken. Auf gut ausgebauten, aber durchaus romantischen Straßen fahren wir weiter nach Süden. Kurz vor **Bad Driburg** zweigt ein Waldweg zur historischen Iburg ab. Zu der Burg, die sich auf sächsische Fundamente berufen kann, gehört ein Ausflugscafé. Den herrlichen Anblick versüßen wir uns mit köstlichem Apfelkuchen.

## Alltag vor 2000 Jahren

Im Freilichtmuseum des Städtchens **Oerlinghausen** wird gezeigt, wie die alten Germanen wirklich gelebt haben. Ohne jedes Romantisieren wird der Alltag vor 2000 Jahren dargestellt. Häuser, Ställe, Gärten, Befestigungsanlagen, Kultstätten, Töpfereien, Brauerei und Schmiede – alles hat man aufs sorgfältigste rekonstruiert. Schulkinder können selbst ausprobieren, wie mühsam es einst war, Brot zu backen. Sie stampfen Getreide zu Mehl und pusten die Glut im Backofen an. Wir holen die Brötchen heute mit dem Motorrad.

| Nr. | Straße km | Position | Richtung | Information | |
|-----|-----------|----------|----------|-------------|---|
| 8 | B 239 23 km | Oerling-hausen | ↑ | über die B 66 weiter nach Bielefeld | ✳ ✕ 🚲 🏠 — **B 239 23 km** |
| 7 | 17 km | Horn-Bad Meinberg | ↑ | über die B 239 nach Detmold und Lage weiter über die B 66 Richtung Bielefeld | ℹ — **17 km** |
| 6 | 8 km | Buke | ⊢↑ | in Richtung Altenbeken, landschaftlich reizvolle Strecke durchs Eggegebirge | ✳ — **8 km** |
| 5 | B 64 8 km | Bad Driburg | ⊢↑ | über die Iburg in Richtung Paderborn | ✳ 🏛 — **B 64 8 km** |
| 4 | 7 km | Horn-Bad Meinberg | ↑⊤ | in Richtung Bad Driburg, waldreiche Strecke | ℹ — **42 km** |
| 3 | 9 km | Schlangen | ←↑ | in Richtung Horn-Bad Meinberg | — **9 km** |
| 2 | 2 km | Berlebeck | ↑ | in Richtung Externsteine, weiter über die Passhöhe Gausköte | 🌿 ✳ — **2 km** |
| 1 | 1 km | Hermanns-denkmal | ↑ | in Richtung Horn-Bad Meinberg | ✳ ✳ — |

*Die Brücke in den Extern-steinen führt zu einer Kapelle.*

**WESTFALEN**

**Dieses Roadbook zum Heraustrennen im Anhang**

 **INFORMATION**

• **Detmold**
Teutoburger Wald Tourismus e.V.
Bad Meinberger Straße 1
32760 Detmold
Tel. (05231) 95 85 55
Fax (05231) 95 85 75
E-Mail info@teutoburgerwald.de
Internet: www.teutoburgerwald.de

• **Horn-Bad Meinberg**
Bürger-Tourist Service
Marktplatz 4
32805 Horn-Bad Meinberg
Tel. (05234) 2 01-0
Fax (05234) 2 01-2 44
E–Mail tourist-information
@horn-badmeinberg.de
Internet www.horn-badmeinberg.de

 **UNTERKUNFT**

• **Bielefeld**
Novotel Bielefeld Johannisberg
Am Johannisberg 5
D-33615 Bielefeld
Tel. (0521) 9 61 80
Fax (0521) 9 61 83 33
Internet: www.novotel.de
Günstige Sonderangebote für Biker, pro Person und Nacht im DZ, inklusive Frühstücksbuffet, gültig von Freitag bis Sonntag, in der Nacht vor Feier- und Brückentagen sowie Juli/August täglich. Für das Motorrad ist eine überdachte Unterbringung gewährleistet - außerdem erhält man einen Aral-Tank-/Warengutschein.

 **ESSEN & TRINKEN**

• **Oerlinghausen**
Altes Gasthaus Nagel. Westfälische Spezialitäten. Auch Übernachtungen.
Hauptstraße 43
33813 Oerlinghausen
Tel. (05202) 9 93 63

**SEHENSWERT**
• **Oerlinghausen**
Archäologisches Freilichtmuseum.
Sammlung charakteristischer ur- und frühgeschichtlicher Haus- und Hofrekonstruktionen von der Steinzeit bis ins frühe Mittelalter auf einem 10 000 m² großen Gelände. Auskunft: Tel. (05202) 22 20, Fax (05202) 23 88

• **Horn-Bad Meinberg**
Externsteine.
Natur- und Kunstdenkmal aus vorchristlicher Zeit im Ortsteil Holzhausen. Externsteine ca. 1 km Fußweg. 38 m hohe, bizarre Felsen aus Sandstein mit Relief der Kreuzabnahme Christi aus der Zeit um 1130. Auskunft: Forstamt Horn, Tel. (05234) 32 00

• **Bad Driburg**
Sehenswerte Ruine Iburg.
Auf den Fundamenten der von Karl dem Großen zerstörten Sachsenburg.
Auskunft: Bad Driburger Touristik GmbH, Tel. (05253) 98 94-0, Fax (05253) 98 94-0
Internet www.bad-driburg.com

- **Detmold-Hiddesen**
Hermannsdenkmal.
Erbaut im Jahre 1875, erinnert es an die
Varus-Schlacht 9.n.Chr. Gesamthöhe:
53,46 m. Erbaut auf einer noch erkennbaren
altgermanischen Wallanlage. Eine Caféteria
verköstigt hungrige Germanen und andere
Volksstämme. Auskunft: Landesverband
Lippe, Hermannsdenkmalstiftung,
Tel. (05261) 25 02 19

- **Detmold-Berlebeck**
Größte Adlerwarte Europas.
Auskunft: Adlerwarte Berlebeck,
Tel. (05231) 4 71 71

**VERANSTALTUNGEN**

- **Bielefeld**
Ende Mai wird in der westfälischen
Industriestadt der traditionsreiche
Leinewebermarkt abgehalten.

- **Horn-Bad Meinberg**
Pfingsten bis Anfang September:
Freilichtbühne Bellenberg. Zur Aufführung
kommen überwiegend heitere Volksstücke.
Auskunft: Freilichtbühne Bellenberg,
Tel. (05234) 26 75

**WESTFALEN**

# Hoch am Niederrhein

Der Frühling fühlt sich am Niederrhein am wohlsten, heißt es. Jedes Jahr kommt er um diese Zeit extra vorbei, um von vorne anzufangen. Wir haben ihn stromab- und stromaufwärts begleitet.

**A**m Niederrhein, wo die Erde wie eine flache Scheibe aussieht, wird die Erde wieder rund, und aus den schwarz-weißen Kühen werden manchmal braun-weiße, und die Kopfweiden gehen manchmal am Rhein spazieren, als wenn das nix wäre, und die spitzen Kirchtürme werden noch spitzer.« Das jedenfalls behauptet der Kabarettist und Niederrheinpoet Hanns Dieter Hüsch, der es eigentlich wissen muss. Auch wenn er lieber in Köln lebt und sich am heimischen Niederrhein mit dem Fahrrad fortbewegt. Im Grunde fängt der Niederrhein schon hinter Köln an, doch seine landschaftlichen Reize, die

*Stadt-windmühle in Xanten.*

**NÖRDLICHER RHEIN**

**41**

### TIPP

**Naturliebhaber und Camping-freunde finden in Grietherort, zwischen Rees und Emmerich, einen besonders reizvoll in Rheinnähe gelegenen Zeltplatz. Aufmerksamkeit verlangt allerdings der Pegelstand des Rheins. Es besteht Hochwassergefahr!**

Ruhe, die über dem flachen Land schwebt, kommen erst hinter **Duisburg** zum Tragen. Mit der BMW lassen wir Kölner Bucht und Ruhrpott rasch hinter uns, dann fällt das Motorrad wie von selbst in einen gemächlichen Trab. Frische Luft strömt unter den Helm, die Sicht weitet sich, die Erde wird wieder rund. Der Rhein schwingt sich in großen Bögen durch die flachen Auen. Hier wird er nicht mehr eingezwängt, kann sich andere Wege und Betten suchen. Die zahlreichen Altrheinarme geben dem

Land sein Gesicht. Für Pflanzen und Tiere sind sie Zuflucht, für den gestressten Großstadtmenschen Erholungsstätte.

## Frühlingshochwasser

Kurz vor **Xanten** führt die Landstraße an der Bislicher Insel vorbei, die jetzt im Frühlingsdunst besonders eindrucksvoll aussieht. Das Hochwasser der Rheins hat auch den Pegel im Altrhein ansteigen lassen, so dass die Fluten fast über die Straße schwappen. Wo die Fähre zur anderen Rheinseite ablegt, lädt uns eine Terrasse mit Blick auf den Rhein zum Verweilen ein. Motorradfahrer bleiben gern für einen Augenblick, trinken Kaffee, lassen Augen und Gedanken schweifen.

*Alleen prägen die Landschaft.*

NÖRDLICHER RHEIN

Die Fähre fährt heute nicht, wegen des Hochwassers, es bleibt also genügend Zeit, sich das alte Xanten, das Rom des Niederrheins, anzuschauen.

*Fähren ermöglichen den Seitenwechsel.*

## Römerstadt Xanten

An einer strategisch günstigen Stelle errichteten die Soldaten des Kaiser Augustus im Jahre 15 v. Chr. ein Lager. Ein

Tempel, Rheinhafen und sogar ein Amphitheater kamen im Laufe der Zeit hinzu. Im 4. Jahrhundert wurde die römische Provinzstadt wieder aufgegeben. Doch die nachströmenden Franken errichteten ihre Bauten neben der alten Stadt, so dass noch heute im Amphitheater und Archäologischen Park die Antike am Niederrhein lebendig wird.

Doch auch das mittelalterliche Xanten ist überaus sehenswert. In erster Linie natürlich der berühmte Dom, der über dem Grab des Märtyrers Viktor errichtet wurde, sowie die Stadtmauer mit dem mächtigen Klever Tor in der Stadtmühle. Der Drachentöter Siegfried, der deutscheste aller Sagenhelden, stammt aus Xanten. Diese Mischung aus Antike und Mittelalter, Sage und Archäologie, gepaart mit niederrheinischer Gelassenheit lockt nicht nur im Frühling zahlreiche Besucher nach Xanten. Die schönen Cafés und Restaurants am Marktplatz tun das ihre, da fühlt man sich fast wie in der südländischen Provence.

### Die andere Rheinseite

Ganz anders dagegen **Wesel** auf der anderen Rheinseite. Seine Promenade stöhnt vor gepflegter Langeweile, der Rhein fließt flach und träge. Punkt vier Uhr heißt es »Leinen los« auf der River Lady. Das Bötchen ist auf Mississippi getrimmt, hinten dreht sich ein unechtes Schaufelrad, den Schornstein ziert eine rot-goldene Krone, die auch dem Froschkönig gut zu Gesicht stünde.

So dauert es nicht lange bis wir wieder im Sattel sitzen, zumal man die Rheindämme zwischen Wesel und **Emmerich** – außer sonntags – mit dem Bike erkunden kann. Der Pfad ist schmal, zur Linken der Strom, zur Rechten endlose Pappelalleen, weit und breit kein Mensch. »Die Natur ist am Niederrhein wunderbar, und das kommt genau daher, weil da nix los ist«, weiß unser Kabarettist Hanns Dieter Hüsch.

*Hüsch fährt Fahrrad.*

### Der Atommeiler

Hinter **Rees** aber taucht auf dem gegenüberliegenden Ufer das Atomei von **Kalkar** auf. Vor über zwanzig Jahren haben wir uns Plattfüße gelaufen, damit der Schnelle Brüter nicht ans Netz ging. Dass er heute als Vergnügungspark dient, erscheint uns allerdings wie eine makabere Wendung unserer schließlich erfolgreichen Bemühungen. Wir beschließen, Kalkar

**TIPP**

Die Innenstadt von Geldern verwandelt sich in ein begehbares
Museum. Am letzten Wochenende der nordrhein-westfäli-
schen Schulferien veranstaltet
die Stadt ihren internationalen
Straßenmaler-Wettbewerb.

links liegen zu lassen, womit wir
dem Städtchen im Grunde unrecht
tun. Denn die St. Nikolai-Kirche mit
ihren Schnitzaltären, das Rathaus
und auch das in der Nähe gelegenen Schloß Moyland lohnen den
Abstecher. Wie die alten Rhein-
schiffer treideln wir gemächlich
flussabwärts bis nach **Emmerich**
nahe der holländischen Grenze.
Das propere, backsteinerne Städt-
chen ist ganz ruhig und leer, wir haben sogar Probleme, einen Kaffee zu bekommen.

## Die Wallfahrt nach Kevelaer

Wir überqueren den Fluss auf der roten Hängebrücke und
ziehen ins Landesinnere. Jetzt kommt auch die BMW zu
ihrem Recht, denn am Niederrhein ist es keineswegs nur
platt. Auf kurvenreichen Landstraßen schwingen wir abseits

des Stroms durch grüne
Mischwälder und über
sanfte Hügel, ent-
decken romantische
Schlösser und Burgen
und stoßen schließlich
sogar auf einen richti-
gen Wallfahrtsort.

Nach **Kevelaer** pil-
gert der Rheinländer
um sich von seinen
Sünden zu reinigen, da-
mit die Ehefrau nix
merkt und das Finanz-

*Besuch im
Yachthafen*

amt das Schwarzgeld nicht entdeckt. Den ganzen Sommer
über strömen Gläubige aus halb Europa an den Niederrhein,
einige einzeln und still, andere kommen in grandiosen Pro-
zessionen. Der Andrang in der Gnadenkapelle ist beachtlich.
Auch wir stecken vorsichtshalber ein Kerzchen an.

**Abendlicht am Strom**

| Nr. | Straße km | Position | Richtung | Information | | |
|-----|-----------|----------|----------|-------------|---|---|
| 10 | B 9 10 km | Geldern | ↑ | | ✱ 🚹 | B 9 10 km |
| 9 | B 9 10 km | Kevelaer | ↑ | alternativ nach Xanten, schöne Strecke | ✱ 🚹 🏛 🅰 | B 9 10 km |
| 8 | B 9 25 km | Kleve | ↑ | in Richtung Goch | | B 9 25 km |
| 7 | B 220 12 km | Emmerich | ↑ | über die Rheinbrücke | 🚹 | B 220 12 km |
| 6 | B 8 16 km | Rees | ⌐← | alternativ die Deichstraße über Grietherort | ✱ 🅰 🚹 🏛 | B 8 16 km |
| 5 | B 67 8 km | Kehrum | ⌐→ | über die berühmte Rheinbrücke nach Rees | | B 67 8 km |
| 4 | B 57 12 km | Xanten | ↑ | in Richtung Kalkar | ✱ 🚹 📷 🏛 ℹ | B 57 12 km |
| 3 | 24 km | Rees | ↑ | auf kleinen Straßen längs der Altrheinarme direkt nach Rees, Xanten auf der Rückfahrt | ✱ 🅰 🚹 🏛 | 24 km |
| 2 | B 56 15 km | Wesel | ⌐← | über Rheinbrücke in Richtung Xanten | ✱ 🏛 🚹 📷 | B 56 15 km |
| 1 | B 8 25 km | Duisburg | ↑ | in Richtung Wesel | | B 8 25 km |

Dieses Roadbook zum Heraustrennen im Anhang

 **INFORMATION**

- **Kalkar**
Touristik-Agentur Niederrhein GmbH
Mühlenstege 11
47546 Kalkar
Tel. (02824) 92 35 92
Fax (02824) 92 35 35

- **Xanten**
Tourist-Information
Kurfürstenstr. 9
46509 Xanten
Tel. (02801) 9 83 00
Fax (02801) 7 16 64
Internet www.xanten.de

 **UNTERKUNFT**

- **Wesel**
Hotel Bürick
Venloer Straße 74 (an der B 58)
46487 Wesel
Tel. (02803) 10 11
Fax (02803) 10 13

- **Xanten**
Hotel Gasthaus Xanten
Poststraße 4–10
46509 Xanten
Tel. (02801) 77 67 90
Fax (02801) 7 76 79 50

## ESSEN & TRINKEN

• **Xanten**
In der Römischen Herberge des Archäologischen Parks (siehe unten) lassen sich nach Originalrezepten römische Tafelfreuden nachempfinden.

## SEHENSWERT

• **Xanten**
Archäologischer Park.
Das überaus sehenswerte Freilichtmuseum umfasst einen Teil der historischen Römerstadt zu Xanten mit Amphitheater, Hafentempel, Stadtmauer etc.
Geöffnet: 9–18 Uhr (März–November), 10–16 Uhr (Dezember–Februar).
Informationen: Tel. (02801) 71 20,
Fax (02801) 71 21 49

• **Xanten**
Zweitürmig ragt der Dom St.Viktor über die alte Römerstadt. Die gotische Kirche besitzt einen romanischen Kern und wurde von 1190–1530 errichtet.

• **Emmerich**
Das Rheinmuseum zeigt 130 Schiffsmodelle, Martinikirchgang 2, 46446 Emmerich, geöffnet: 10–12.30 Uhr, Do auch 14–18 Uhr, Sa geschlossen.
Tel. (02822) 7 54 00,
Fax (02822) 7 54 17

• **Kevelaer**
Neben der als Wallfahrtsziel berühmten Gnadenkapelle wartet Kevelaer mit über 200 unter Denkmalschutz stehenden Gebäuden auf. Interessant auch das Volkskundemuseum, geöffnet: Di–So 10–17 Uhr, Hauptstraße 18, 47623 Kevelaer, Tel. (02832) 95 41-0, Fax (02832) 97 09 62

## VERANSTALTUNGEN

• **Xanten**
Ende Juli bis Ende August: Im Amphitheater des Archäologischen Parks werden die Arena-Festspiele durchgeführt. In der beeindruckenden Atmosphäre der historischen Spielstätte werden Opern- und Theaterabende zu einem besonderen Erlebnis.
Auskunft: Tourist-Information Xanten

• **Moers**
Pfingsten: Musikliebhaber erleben weltbekannte Formationen beim Jazz-Festival.
Internet www.Moers-festival.com

*Südländisches Flair am Marktplatz des Sädtchens Xanten*

# Bunter Pott

**Das Sorgenkind der alten Bundes-
republik hat sein Gesicht geändert.
Zuerst wurde der Himmel wieder
blau, dann entdeckte man die grüne
Ruhr und seit neuestem zeigt sich
der Pott von seiner bunten,
vielfältigen Seite.**

**G**emächlich kommt Karl an-
geradelt, parkt sein altes
Klapprad neben der Harley
Softtail Standard und beobachtet
interessiert meine Bemühungen, die
Kamera aufs Stativ zu schrauben.
»Tolles Motiv«, stellt er fachmän-
nisch fest und deutet auf das alte
Meidericher Hüttenwerk. Karl kramt
ein Päckchen Tabak aus der Brust-
tasche; sein weißer Kinnbart zeigt
Spuren von Nikotin. »Willste auch
eine?« Kurze Rauchpause. »Früher
habe ich dort gearbeitet.« In der
nächsten halben Stunde erfahre ich
alles über seine Arbeit als Eisen-
gießer, über die unerträgliche Hitze
am Hochofen, das Anblasen, das

*Das alte
Meidericher
Hüttenwerk
in Duisburg*

**TIPP**

Der Oberhausener Gasometer besticht als riesiger Ausstellungsraum und durch seine Aussicht in 117 Meter Höhe auf das Centro, dem größten Einkaufscenter in Europa.

Anstreuen des Sandes, vom Umwalzen, vom Wiederaufbau und schließlich auch von seiner Arbeitslosigkeit. Das Stahlwerk wurde zu einem Freizeitpark umgestaltet, mit Gastronomie und Konzerten in der Gebläsehalle, zum Klettern an Hochöfen und zum Tauchen im alten Gasometer. »Damit haben Sie sich die Abrisskosten erspart«, stellt Karl lakonisch fest. »Aber geworden ist da draus ja was ganz Dolles: Für Jung und Alt gibt's wohl keinen schöneren Spielplatz als den hier.« Und damit muss ich ihm Recht geben.

## Emscher und Ruhr

Ich erzähle von meinem Plan, den Pott entlang der Ruhr zu erkunden und erfahre, dass wir an der Emscher sind, die man allerdings hier nicht sehen kann, weil sie unter die Erde verlegt wurde wie ein Abwasserkanal. In der Tat entspringt sie einem Klärbecken in Holzwickede. An der Ruhr hingegen ist es grün, eine liebliche Flusslandschaft, in der keine stin-

*Wer hätte es gedacht: Fachwerk im Ruhrpott.*

kenden Fabrikschlote zu sehen sind, wo die Wäsche weiß wie in der Werbung auf der Leine hängt. Richtiger müsste der Kohlenpott wohl Emschergebiet heißen.

### Mündung und Ursprung

Unsere Reise beginnt im **Duisburger Hafe**n, wo die Ruhr in den Rhein mündet. Markiert von einem überdimensionalen Steinquader, der aber keineswegs aus dem Sience-Fiction-Film »2001 – Odyssee im Weltall« stammt, sondern ein Kunstwerk ist und Rheinorange heißt. Auf dem Ruhrdeich fährt man nach **Mülheim** und erreicht dann das Ruhrtal, eine regelrechte Idylle: weite Felder, wogendes Getreide, dazwischen ein echtes Wasserschloss, Hugenpoet, in dem man, das nötige Kleingeld vorausgesetzt, auch nächtigen kann. Das früher selbstständige **Kettwig** gehört heute zu Essen, ist aber ein eigenes kleines Städtchen am Ruhrstausee. Schön zum Spazierengehen, Bötchenfahren und Entenfüttern.

Nächstes Ziel ist die berühmte **Villa Hügel**, der Stammsitz der Krupp-Dynastie. Zu sehen gibt es neben kulturhistorischen Ausstellungen wie »Korea – die alten Königreiche« auch einen Überblick über die Wirtschaftsdynastie der

*Gesicht und Geschichte der Ruhr wurden wesentlich von der Industriemagnatenfamilie Krupp geprägt.*

**NÖRDLICHER RHEIN**

*Die Henrichshütte in Hattingen dient heute als Museum.*

Krupps. Zahlreiche Fotografien und das Modell einer Luxusjacht dokumentieren ihren Werdegang.

Hintern **Baldeneysee** kommt man wieder zum Motorradeln. Die schöne Strecke führt durch dichte Wälder und am Ufer der Ruhr entlang. Allerdings weisen vor jeder Kurve große Schilder auf Radarkontrollen hin. Den Motorradfahrern aus dem Ruhrgebiet geht die Fahrt ins Sauerland manchmal nicht schnell genug.

**Hattingen** beherbergt in seinen alten Stadtmauern viele restaurierte Fachwerkhäuser. Nicht weit davon erhebt sich die romantische **Burg Blankenstein** auf einem Felssporn über dem Fluss, ein beliebtes Ausflugsziel. Da merkt man, dass die Ruhr durchs Bergische Land fließt. Dazwischen aber steht die Henrichshütte, heute ein Industriemuseum. Aber die Thyssenwerke in Witten arbeiten noch. Vom Aussichtsturm auf dem Hohenstein sieht man auf der einen Seite die industrielle Ruhr mit Eisenbahnbrücken und Stahlwerk, auf der anderen blickt man auf bewaldete Inselchen im Fluss; auf dem Wasser ziehen Rennruderboote ihre Bahn.

Wo die Ruhr gestaut wurde, bei **Wetter** und **Herdecke**, heißt sie **Harkotsee** und **Hengsteysee**. Im Fluss kann man sogar baden; im Sommer wird es warm und das Wasser der Ruhr bietet Abkühlung. Zur **Hohensyburg**, dem beliebten

Motorradtreffpunkt ist es nicht weit. Von hier kann man über die Autobahn zurückfahren, doch schöner ist es, am Fluss entlang zu bummeln. Lässt sich gut träumen, wenn das dunkle Wasser der Ruhr ruhig dahinfließt und die Fische springen.

*Das Bootshaus Thetis in Kettwig*

| Nr. | Straße km | Position | Richtung | Information | | |
|---|---|---|---|---|---|---|
| 11 | B 54 / 8 km | Hohensyburg | | Motorradtreffpunkt an der Autobahnauffahrt zur A 1 | | B 54 / 8 km |
| 10 | B 234 / 4 km | Herdecke | | auf der B 234 bleiben bis zur Abbiegung Hohensyburg, beliebte Rennstrecke, Achtung Geschwindigkeitskontrollen | | B 234 / 4 km |
| 9 | B 226 / 7 km | Wetter | | abbiegen auf die B 234, am Harkotsee entlang | | B 226 / 7 km |
| 8 | L 924 / 13 km | Witten | | auf der Bundesstraße zum Aussichtspunkt Hohenstein, auf der Bundesstraße bleiben | | L 924 / 13 km |
| 7 | L 925 / 17 km | Hattingen | | an der Henrichshütte Richtung Blankenstein abbiegen, geradeaus in Richtung Herbede | | L 925 / 17 km |
| 6 | B 224 / 2 km | Baldeneysee | | die Villa Hügel ist durch eine kurze Stichstraße zu erreichen, weiter durch Überruhr in Richtung Hattingen | | B 224 / 2 km |
| 5 | L 242 / 6 km | Werden | | auf der rechten Ruhrseite bleiben, weiter am Ufer des Baldeneysee | | L 242 / 6 km |
| 4 | L 441 / 12 km | Kettwig | | auf der rechten Ruhrseite in Richtung Werden | | L 441 / 12 km |
| 3 | B 223 / 9 km | Mülheim | | auf der B 223 Mülheim verlassen, auf die B1 links abbiegen nach 500 m wieder rechts Richtung Kettwig durchs offene Ruhrtal | | B 223 / 9 km |
| 2 | — / 5 km | Duisburg-Ruhrort | | die Ruhr überqueren, am Kreisel auf den Ruhrdeichdamm abbiegen | | 5 km |
| 1 | — | Duisburg-Meiderich | | vom Landschaftspark »altes Hüttenwerk« durch die Stadt zum Hafen | | |

Dieses Roadbook zum Heraustrennen im Anhang

NÖRDLICHER RHEIN

**INFORMATION**

• **Dortmund**
Ruhrgebiet Touristik GmbH
Königswall 21
44137 Dortmund
Tel. (0231) 1 81 61 86
Fax (0231) 1 81 61 88
www.ruhrgebiettouristik.de

• **Essen**
Kommunalverband Ruhrgebiet
Abt. Öffentlichkeitsarbeit
Kronprinzenstraße 35
45032 Essen
Tel. (0201) 2 06 90
Fax (0201) 2 06 95 01
Internet www.essen.de

 **UNTERKUNFT**

• **Duisburg**
Jugendherberge Duisburg-Wedau
Kalkweg 148E
Tel. (0203) 72 41 64
Fax (0203) 72 08 34
Gegenüber des Sportparks Wedau.

• **Essen**
Gasthaus zur Magarethenhöhe
Steile Straße 46
(0201) 71 54 33
45159 Essen
Die preiswerte Herberge liegt in der sehenswerten Siedlung für Krupp-Arbeiter.

Hotel Schloss Hugenpoet
August-Thyssen-Straße 51
45219 Essen-Kettwig
Tel. (02054) 1 20 40
Fax (02054) 12 04 50
Noble Unterkunft mit hervorragender Küche.

Jugendherberge
Pastoratsberg 2
45239 Essen-Wedau
Tel. (0201) 49 11 63
Ruhige Lage in der Nähe des Baldneysees.

*Blickfang und Kunst-*
*werk:*
*das Rheinorange, an*
*der Mündung der*
*Ruhr in den Rhein.*

## ESSEN & TRINKEN

• **Hattingen**
Burg Blankenstein
Burgstraße 16
45527 Hattingen-Blankenstein
Tel. (02324) 3 32 31
Grillspezialitäten in altem Mauerwerk hoch
über der Ruhr. Auch bei Motorradfahrern
sehr beliebt.

• **Frittenbuden**
Das Stammgericht der Ruhrgebietbewohner,
Fritten rot/weiß, ist an jeder Straßenecke er-
hältlich.

## SEHENSWERT
• **Duisburg**
Der Rhein-Ruhr-Hafen ist der größte Binnenhafen Europas und lässt sich am besten mit
einer Hafenrundfahrt ab Duisburg Ruhrort
erkunden.

• **Landschaftspark Duisburg-Nord**
Das ehemalige Hüttenwerk in Meiderich
wurde in ein Freizeitzentrum mit Gastronomie, Veranstaltungen und zahlreichen Betätigungsmöglichkeiten umgewandelt. Abends
spektakulär illuminiert.

• **Essen**
Die Villa Hügel war bis 1945 das Domizil der
Krupps. Die 269-Zimmer-Villa kann heute
kostenfrei besichtigt werden. Häufig werden
Sonderausstellungen gezeigt.
Täglich 10–16 Uhr.

## VERANSTALTUNGEN

• **Oberhausen**
Letzte Aprilwoche: Kurzfilmtage.
International bedeutendes Filmfestival mit
jährlich wechselndem Schwerpunkt.

• **Moers**
Pfingsten: Internationales New-Jazz-Festival.
Eines der interessantesten Jazzfestivals
Deutschlands.

• **Oberhausen**
Juni: Die Sterkrader Fronleichnamskirmes,
das größte Volksfest im Ruhrgebiet, dauert
5 Tage.

# Grüne
# Freuden

Das Sauerland gleicht einem Bild aus alten Zeiten. Hier decken Schieferschindeln die Fachwerkhäuser, die Getreidefelder wogen sanft. Liebevoll umsorgen die Sauerländer alles Althergebrachte. Nur die Harley ist nicht ganz so altertümlich.

**D**ie Bundesstraße von Schmallenberg nach Winterberg verläuft in sanften Kurven und ist am späten Nachmittag nur mäßig belebt. Ideal zum Touren. Auf unserer dicken Harley-Davidson lassen wir die grüne Landschaft an uns vorüberfliegen und genießen das milde Wetter. Ein altes Fachwerkgemäuer, davor merkwürdige Gerätschaften, lassen uns unvermittelt in die Bremsen der Road King treten. Das müssen wir uns doch mal näher ansehen.

Der weißbärtige Besitzer des Schultenhofes in **Oberbergen** freut sich über den überraschenden Besuch und nimmt sich Zeit, seine Res-

*Naturpark Rothaargebirge*

taurierungsarbeiten an dem über 400 Jahre alten Hof zu unterbrechen. Die Wohndiele mit dem wundersamen Fischgrätenpflaster, »Deele« genannt, hat er bereits hergerichtet. Jetzt sind Kuh- und Pferdestall dran. Bis zum nächsten Jahr soll im Hof eine echte Fuhrmannskneipe eingerichtet werden.

## Eine echte Fuhrmannskneipe

Für Motorradfahrer schon deshalb eine interessante Angelegenheit, weil der Bauherr historische Motorräder sammelt und diese – immerhin 60 Exemplare – in einem kleinen Museum der Öffentlichkeit zugänglich machen will. Zur Zeit ruhen die verstaubten Juwelen noch im zukünftigen Schankraum. Wir versprechen, im nächsten Jahr wiederzukommen und machen uns weiter auf Kuriositätensuche. Seltsam genug, dass sich ein abgelegenes Waldgebirge, von dem im Wetterbericht nur grausige Dinge zu hören sind, zu einem beliebten Naherholungsgebiet entwickelt hat. Keineswegs allein im Winter, wenn das Sauerland mit seiner dichten Schneedecke zigtausend Wintersportler anlockt. In der übrigen Jahreszeit fliehen vor allem Motorradfahrer aus den be-

> **TIPP**
>
> **Nicht zuletzt wegen der kurvenreichen Anfahrt hat sich der Rhein-Weser-Turm zu einem beliebten Motorradtreffpunkt entwickelt.**

*Motorradtreff am Rhein-Weser-Turm*

engenden Industrie-
städten an Rhein und
Ruhr ins weiterzige
Sauerland. Verant-
wortlich für die Mel-
dungen von niedrigen
Temperaturen und ho-
hen Niederschlägen
ist übrigens die Wet-
terstation auf dem
**Kahlen Asten**, dem
mit 841 Metern höchs-
ten Berg Nordrhein-
Westfalens. Der Weg
hinauf windet sich
kurvenreich und eröff-
net die schönsten
Panoramen. Doch zum
Schauen bleibt kaum
Zeit, denn das Ge-

schlängel der Straße erfordert die ganze Aufmerksamkeit
des Piloten. Die Harley stampft und rüttelt, schwankt hin
und her, aber das Fahren macht ungeheuren Spaß und erinnert, nicht ganz unpassend, ans Polkatanzen.

*Siedlungs-
hausen ist
typisch fürs
Sauerland.*

## Nordrhein-westfälischer Höhepunkt

Für die Nacht quartieren wir uns im »Landhaus Möhrchen«
in **Alt-Astenberg** ein. Die Herberge bietet Zimmer mit Aus-
blick und eine Küche, wie man sie sich nach einem Tag im
Motorradsattel wünscht. Gesprochen wird hier rheinisch
und holländisch. Denn das Sauerland dient nicht den Rheinländern und Westfalen allein als Refugium. Für die nieder-
ländischen Nachbarn zählt es quasi zu den Voralpen. Außerdem entgehen die Holländer auf diese Weise dem deutschen
Urlauberstrom an die hauseigenen Nordseestrände. Die Son-
nenuntergänge hier oben sind genauso stimmungsvoll wie
am Meer, und ein frisches Lüftchen weht auf diesem gewaltigen Gipfel allemal.

**RHEINISCHES MITTELGEBIRGE**

RHEINISCHES MITTELGEBIRGE

*Das Gelb des Raps ist Farbe Nummer Zwei.*

Am nächsten Morgen fahren wir auf schmalen Waldstraßen nach Norden. Auf unserer Landkarte sind in dieser Richtung einige landschaftliche Attraktionen verzeichnet: ein Wasserfall, die sagenumwobenen **Bruchhausener Steine** und die Heide bei Niedersfeld. Doch die Heide fällt winzig aus und ist erst nach längerem Fußmarsch zu erreichen, die Felsen gehören einem Freiherrn von Fürstenberg, der für die Besichtigung seines Eigentums Geld sehen möchte, und der Wasserfall am gleichnamigen Ort rinnt nur kläglich den Hang hinunter.

An wirklich Aufsehen erregenden landschaftlichen Höhepunkten mangelt es. Stattdessen findet man Ruhe, Entspannung und Erholung. Und zwar in solchen Mengen, dass man mehrere Vergnügungsparks einrichten musste, damit sich die Internetgeneration nicht in Grund und Boden langweilt. Wir

sparen uns das Eintrittsgeld für Achterbahn und Lasershow und genießen das grüne Land, die schmalen Täler und die quirligen Wasserläufe, die lieben Dörfer mit ihren herausgeputzten Fachwerkhäusern und romantischen Schlösschen.

## Wie das Sauerland zu seinen Namen kam

In **Assinghausen** stoßen wir auf das Denkmal eines Friedrich Wilhelm Grimme, der 1827 in diesem Dorf das Licht der Welt erblickte: der Dichter des Sauerlandes, so lesen wir auf dem Sockel. Er war es, der den Namen Sauerland auf einen Ausspruch Karls des Großen zurückführte: »von schweren Seufzern begleitet«. Sauer also im Sinn von beschwerlich. Aber es gibt noch andere Deutungen. So wurde vorgeschlagen, den Namen des Landes von ihren alten germanischen

**TIPP**

Aspahltcowboys satteln um auf 2 PS. Fahrten und Übernachtungen auf dem Planwagen mit Grillfest werden angeboten von Brilon Touristik, Tel. (02961) 9 69 90.

Bewohnern, den Sugambrern, abzuleiten oder gar von den Säuen, die früher in den Eichenwäldern gemästet wurden.

Gar nicht sauer, sondern lieblich ist uns der Anblick von **Brilon**. Auf dem Rathausplatz des nordsauerländischen Städtchens wird jeden Samstag ein Wochenmarkt abgehalten. Die Stände der Händler stoßen mit den Schirmen aneinander, doch für ein Schwätzchen findet sich immer ein Plätzchen. Gemüse, Obst, Kräuter, Fleisch und Fisch werden lauthals feilgeboten – und Geranien, deren rote Blüten so wunderbar mit den grauen Schieferwänden kontrastieren. Um Punkt 11 Uhr erklingt am barocken Stufengiebel des Rathauses, gleich neben der Uhr, ein Glockenspiel mit Geigen spielenden Figuren. Im Marktcafé haben sich die Einkäufer unter ausladenen Sonnenschirmen niedergelassen, trinken Kaffee oder schon ein kleines Bier, und lauschen ent-

*Der Schultenhof in Oberkirchen*

spannt der kleinen Darbietung. Wir warten das Ende der Einlage ab, damit unsere Harley das Glockenspiel nicht übertönt. Denn uns hat wieder die Lust gepackt: auf eine Fahrt durch das Land der tausend Berge, das man uns wahrlich nicht wie Sauerbier anbieten muss.

*Motorradwandern auf einsamen Straßen*

| Nr. | Straße km | Position | Richtung | Information | |
|---|---|---|---|---|---|
| 8 | B 64 36 km | Kirchhundem | | zurück nach Lennestadt | B 64 36 km |
| 7 | B 480 26 km | Bad Berleburg | | durchs romantische Edertal, auf der B 64 in Richtung Kirchhundem zum Rhein-Weser-Turm und weiter, | B 480 26 km |
| 6 | B 480 31 km | Winterberg | | Traumstrecke durch das Gebiet des Kahlen Asten | B 480 31 km |
| 5 | B 7 9 km | Brilon | | oder über die B 251 Richtung Willingen, nach circa 7 km Abzweigung nach Bruchhausen | B 7 9 km |
| 4 | 30 km | Olsberg | | Richtung Brilon | 30 km |
| 3 | 12 km | Alt-Astenberg | | nicht nach Winterberg abfahren, sondern die schmale Straße in Richtung Siedlungshausen, schöne Strecke über Elpe und Wasserfall | 12 km |
| 2 | 2 km | Oberbergen | | in Oberbergen zweigt eine schmale Straße zum Kahlen Asten ab | 2 km |
| 1 | B 236 22 km | Schmallenberg | | von Lennestedt über die B 236 in Richtung Winterberg | B 236 22 km |

**Dieses Roadbook zum Heraustrennen im Anhang**

##  INFORMATION

**• Hochsauerland-Touristik**
Heinrich-Jansen-Weg 14
59929 Brilon
Tel. (02961) 94 32 27
Fax (02961) 94 32 47
E-Mail touristik@hochsauerland.de
Internet www.sauerland-touristik.de

**• Südsauerland-Touristik**
Seminarstraße 22
57462 Olpe
Tel. (02761) 94 57 30
Fax (02761) 94 57 33
E-Mail südsauerland@t-online.de

##  UNTERKUNFT

**• Winterberg**
Hotel Kirch Meier
Renau Weg 54
59955 Winterberg
Tel. (02981) 8 05-0
Fax (02981) 8 05-1 11
E-Mail Info@hotel-kirchmeier.de
Internet www.hotel-kirchmeier.de

**• Brilon**
Landhotel Menke
Korbacher Str. 15
59929 Brilon-Wald
Tel. (02961) 22 12 oder 87 55
Fax (02961) 5 23 70
Internet www.landhotel-menke.de

## ESSEN & TRINKEN

**• Schmallenberg-Oberkirchen**
Seit 1774 kommen Reisende in das
Landgasthaus Schütte. Gerühmt für seine
herausragende Küche. Mit Hotelbetrieb.
Eggeweg 2
57392 Schmallenberg-Oberkirchen
Tel. (02975) 8 20
Fax (02975) 8 25 22

## SEHENSWERT

**• Attahöhle**
Die unterirdische Wunderwelt der Attahöhle
ist ganzjährig geöffnet. Eine Führung dauert
40 Min. Öffnungszeiten: 9.30–16.30 Uhr
(Sommerhalbjahr). Sonst 10.30–15.30 Uhr,
montags geschlossen (Winterhalbjahr).
Anmeldung und weitere Auskünfte:
Attendorner Tropfsteinhöhle
57425 Attendorn
Tel. (02722) 93 75-0, Fax (02722) 93 75-25

**• Winterberg**
Der Kahlen Asten ist mit einer Höhe von
842 m die höchste Erhebung Nordrhein-
Westfalens. Von der 23 m hohen Plattform
des Turmes bieten sich phantastische Fernblicke über das Sauerland.

## VERANSTALTUNGEN

• **Warstein**
Anfang September: Internationale Montgolfiade mit hunderten von Heißluftballons. Information: Warstein Touristik e.V., Tel. (02902)81-0 Internet www.warstein.de

• **Winterberg**
Februar: Für Winterfahrer lohnt sich ein Besuch des professionellen Schlittenhunderennens. Auskunft: Tourist-Information Tel. (02981)9 25 00 Internet www.winterberg.de

• **Meschede**
Oktober: Der Sauerland-Herbst ist das bedeutendste Blechbläserfestival im Sauerland mit Workshops und kulinarischen Spezialitäten. Veranstalter und Information: Hochsauerlandkreis/Kultur. Tel. (0291) 94 12 70, Fax (0291) 94 12 18, Internet www.sauerland-herbst.de

• **Lennestadt**
Juni–September: Karl-May-Festspiele Freilichtbühnen Elspe-Festival. Auskunft: Tel. (02721) 9 44 40

RHEINISCHES MITTELGEBIRGE

67

# Heimat-kunde

**Bergisch kommt nicht von Berg. Taufpaten sind vielmehr die alten Landesherren, die Grafen von Berg. Aber sie dürften gewusst haben, warum sie sich so nannten. Ebenfalls im Bergischen beheimatet ist die Familie unserer Autoren.**

Immer gab es Waffeln mit Sahne und Kirschen. Die Sahne frisch geschlagen, die Kirschen aber, Schattenmorellen, aus dem Weck-Glas, denn es war kurz vor Weihnachten. Vater hatte mich in den blauen Opel Rekord gepackt und war mit mir auf schmalen Straßen ins Bergische gerollt. Zu Onkel und Tante, die noch den alten Hof der Familie mit dem merkwürdigen Namen »Katzenloch« bewirtschafte-

*Unterwegs im Bergischen*

RHEINISCHES MITTELGEBIRGE

Keine Angst vor Kalorien: Unter einer »Bergischen Kaffeetafel« müssen sich die Tische biegen. Rosinenblatz, Rübenkraut, Butter, Schinken und Rodonkuchen sind nur der Anfang. Dazu gibt's starken Bohnenkaffe aus der »Dröppelmina«, dem bergischen Samowar.

ten. Immer war schon eine kleine Tanne für uns geschlagen, die uns Großstädtern das Weihnachtsfest heimeliger machen sollte.

Meine Familie stammt aus dem Bergischen, und der Name Feldhoff ist ein typisch bergischer. Motorradfahrer in den besten Jahren werden sich vielleicht noch an unser nationales Handball-As, Jochen Feldhoff aus Gummersbach, erinnern. Soweit bekannt, sind wir allerdings nicht miteinander verwandt. Seit

*Idylle fernab von Industrie und Großstadt*

meiner Kindheit bin ich nicht mehr im Katzenloch gewesen, von Onkel und Tante habe ich nur wenig gehört. Irgendwo in einem engen Tal bei Frielingsdorf aber müsste der alte Bauernhof noch liegen.

## Die Wiehler Tropfsteinhöhle

Heute bringt uns eine Autobahn bequem und schnell durch das Bergische Land, und prompt verpassen wir unsere Abfahrt. Statt vor dem Katzenloch stehen wir nun vor dem Loch der **Wiehler Tropfsteinhöhle**. Ihre Stalagmiten und Stalaktiten sind über das Bergische Land hinaus berühmt. Entdeckt

*Die Häuser kleiden sich Schiefergrau.*

wurde die Höhle im Jahre 1860, der Öffentlichkeit zugänglich gemacht 1927 und seit einigen Jahren hat man die Erforschung der Tropfsteinhöhle erneut aufgenommen.

## Der Waldbröhler Viehmarkt

Aber **Wiehl** hat mehr zu bieten: Das Museum »Achse, Rad und Wagen« beispielsweise bietet eine Reise von Wiehl nach Nümbrecht mit der historischen Postkutsche an. Wir nehmen natürlich lieber die Guzzi und machen zuvor einen kurzen Abstecher nach **Waldbröl**. Denn heute ist Donnerstag, und just an diesem Tag, seit 1851, wird dort der Viehmarkt abgehalten. Wir schlendern zwischen Karnickelboxen, grunzenden Ferkeln und Kramständen hindurch – viel scheint sich in den letzten 150 Jahren nicht geändert zu haben. Auch in **Nümbrecht** ist die Vergangenheit auf Schritt und Tritt lebendig: schwarz-weißes Fachwerk mit verschiefertem Giebel, eine tausendjährige Schlosskirche und das Homburger Schloss selber. Hier residierten einst die Fürsten Sayn-Wittgenstein, die ja noch heute im politischen Geschehen mitmischen. Seinerzeit rangen sie mit den Grafen von Berg um die Vorherrschaft im Bergischen Land. Mit dem Ergebnis, dass unser Reisegebiet nicht Wittgensteiner Land heißt.

### Quell reiner Motorradfreuden

Die Fahrt von Schloss Homburg nach **Schloss Burg** an der Wupper, dem Stammsitz der Grafen, erweist sich als Quell reiner Motorradfreuden. Wir meiden die großen Bundesstraßen und überqueren bei **Overath** die Agger. Das Bergische Land ist ebenso wasserreich wie bergisch: Sülz, Dhünn, Wupper heißen die Flüsschen, oft zu künstlichen Seen gestaut, die Menschen und Industrie mit Wasser versorgen und als Erholungsgebiet beliebt sind. Die Agger hat einen festen Platz in meinen Kindheitserinnerungen: Zelten mit den Großeltern, Sprünge kopfüber ins kalte Wasser, das sich an einigen Stellen zu tiefen Becken weitet. In **Altenberg** ist es weniger der berühmte Bergische Dom, an den ich mich erinnere, als der nahe gelegene Märchenwald. Für alle anderen

*Wild auf der Margarethenhöhe*

dürfte die 1255 begonnene Zisterzienserkirche von größerem Interesse sein. Bis ins 19. Jahrhundert war sie zur Ruine verkommen, wurde aber im Zug romantischer Schwärmerei gerettet und 1847 neu eingeweiht. Sie gilt als seltenes Beispiel reiner Gotik. Manche Motorradfahrer sind von den spektakulären Schaukurven oberhalb des Doms noch weit mehr begeistert.

> **TIPP**
>
> Als Treff und Ausgangspunkt für Touren durch das Bergische Land empfiehlt sich das bikerfreundliche »Landhaus Fuchs«, 51515 Kürten, Unterbersten 27, Tel. (02268) 72 86, Fax (02268) 29 88.

Über das trutzige Schloss Burg hoch über der Wupper gelangen wir zu den alt-bergischen Städtchen **Wermelskirchen, Hückeswagen, Wipperfürth** und Marienheide, die sich alle einen schönen Stadtkern bewahrt haben. Auf der landschaftlich reizvollen Strecke von **Marienheide** nach **Engelskirchen** kommen wir schließlich doch noch nach Frielingsdorf. Der Hof meiner Familie müsste etwas außerhalb liegen. In der Tat, an einem steinernen Wegkreuz steht eingemeißelt unser Name, dahinter das vertraute Fachwerkgebäude mit der hölzernen Tür. Ich steige vom Motorrad, nehme den Helm ab und drücke auf den Klingelknopf.

| Nr. | Straße km | Position | Richtung | Information | |
|---|---|---|---|---|---|
| 9 | 18 km | Engels-kirchen | | Anschluss an die Autobahn | 18 km |
| 8 | B 237 31 km | Marienheide | | Motorradwandern durchs Leppetal | B 237 31 km |
| 7 | 8 km | Wermels-kirchen | | in Richtung B 237, auf der Bundesstraße bleiben in Richtung Hückeswagen und Wipperfürth | 8 km |
| 6 | 17 km | Schloss Burg | | in Richtung Wermelskirchen, viele Kurven | 17 km |
| 5 | 23 km | Altenberge | | in Richtung Wermelskirchen, kurz vor Wermelskirchen Abzweigung nach Schloss Burg | 23 km |
| 4 | 22 km | Overath | | kurzes Stück auf der B 484, in Vilkerath abbiegen in Richtung Kürten, dann Odenthal, viele kleine Straßen, Motorradidylle | 22 km |
| 3 | 9 km | Nümbrecht | | auf winzigen, schön zu fahrenden Landstraßen nach Much und weiter nach Overath | 9 km |
| 2 | B 256 16 km | Waldbröl | | alle zwei Wochen donnerstags Viehmarkt, Abzweigung nach Nümbrecht | B 256 16 km |
| 1 | B 256 7 km | Wiehl | | ab Autobahnabfahrt Gummersbach in Richtung Wiehl, auf der Bundesstraße B 256 bleiben in Richtung Waldbröl | B 256 7 km |

**Dieses Roadbook zum Heraustrennen im Anhang**

*Schloss Homburg bei Nümbrecht*

 **INFORMATION**

• **Bergisches Land Touristik GmbH**
Hauptstraße 47–51
51465 Bergisch Gladbach
Tel. (02202) 29 36-0
Fax (02202) 29 36-36
E-Mail info@b-l-t.de
Internet www.b-l-t.de

• **Touristik-Verband Oberbergisches
Land**
Moltkestraße 34
51643 Gummersbach
Tel. (02261) 88-69 09
Fax (02261) 88-18 88
E-Mail zweckverband@bergischesland.de
Internet www.bergischesland.de

**UNTERKUNFT**

• **Kürten-Unterbersten**
Landhaus Fuchs
Unterbersten 27
51515 Kürten
Tel. (02268) 72 86
Fax (02268) 29 88

 **ESSEN & TRINKEN**

Die berühmte Bergische Kaffeetafel wird in
zahlreichen Gaststätten, Hotels und Restaurants angeboten, u.a.:

• **Zur alten Post**
Humperdinckstraße 6
51588 Marienberghausen
Tel. (02293) 91 18-0, Fax (02293) 91 18-18

- **Altenberger Hof**
Eugen-Heine-Platz 7
51519 Altenberg-Odental
Tel. (02174) 49 70
Fax (02174) 49 71 23

## SEHENSWERT

- **Wiehler Tropfsteinhöhle**
Abfahrt A 4 Gummersbach/Wiehl, ca. 1 km
bis Wiehl. Der Abstieg in die Höhle führt in
eine Traumlandschaft. Die Führung dauert
30 Min. Im Sommer täglich 9–17 Uhr geöffnet; im Winterhalbjahr nur an den Wochenenden.
Internet www.akkh.de/wiehlerhöhle.html

- **Wiehl**
Museum »Achse, Rad und Wagen«
Ohlerhammer
51674 Wiehl
Führungen nach Anmeldung
Tel. (02262) 78 12 80

- **Schloss Burg**
Schlossplatz 2
42659 Solingen-Burg
Tel. (0212) 24 22 6-0
Mit Bergischem Museum, geöffnet täglich
10–18 Uhr, montags 13–18 Uhr.

- **Schloss Homburg**
51588 Nümbrecht
Tel. (02293) 91 01-0
Museum des Oberbergischen Kreises, geöffnet Di–Sa 10–17 Uhr, sonntags 10–
18 Uhr, November bis März geschlossen.

## VERANSTALTUNGEN

- **Viehmarkt**
Vierzehntägig: Bereits seit 1851 besteht in
Waldbröl ein Vieh- und Krammarkt, der alle
14 Tage donnerstags stattfindet.
Informationen: Stadtverwaltung Waldbröl
Tel. (02291) 85-104

- **Stockhausentage**
August: Karlheinz Stockhausen, der renommierte Komponist zeitgenössischer Musik,
wird einmal jährlich von seiner Heimatgemeinde Kürten mit Aufführungen seiner
Werke und Workshops geehrt.
Internet www.stockhausen.org

- **Wiehler Jazztage**
Mai: An 9 Tagen im Mai finden alljährlich die
Wiehler Jazztage mit international bekann-
ten Jazzmusikern statt. Auskünfte:
Touristinformation Wiehl
Tel. (02262) 99-1 95
Fax (02262) 99-2 85

*Selbst die
Verkehrsschilder
sind anders.*

# Kölner
# Schauspiel

**Auf Hauptstadtehren wie Bundeshauptstadt (»vergänglich«) oder Landeshauptstadt (»unwichtig«) kann sie lässig verzichten. Köln ist die rheinische Metropole. Was es außer Dom, Karneval und BAP noch zu entdecken gilt, haben wir auf einem Roller erkundet.**

**D**er Kölner an und für sich hat bekanntlich so seine Eigenheiten. Das fängt schon beim Dialekt an: Kölsch ist die einzige Sprache, die man auch trinken kann.

### Kölsche Szene

Getrunken wird das Kölsch genannte Bier in zahlreichen Traditions- und noch zahlreicheren Szenegaststätten. Altstadt, Südstadt, *Kölsche Kulisse*

*Roden-kirchner Treppchen*

Severinsviertel, Quartier Latin, Friesenviertel heißen – um nur einige zu nennen – die Konglomerate rheinischen Frohsinns, auch und gerade außerhalb der Karnevalszeit.

Kölsch und Kölsch gesellt sich gerne, zumindest in der Kneipe. In der Stadt hingegen herrscht oftmals ein babylonisches Sprachgewirr, so dass mancher den Vergleich mit New York zieht. Andererseits schränkt der Genuss des Gerstengetränks die Vorteile des Rollerfahrens im ewigen Kölner Stau erheblich ein.

## Süße Kultur

Mit dem Roller erreichen wir die wichtigsten kulturellen Sehenswürdigkeiten der Stadt, beispielsweise das **Schokoladenmuseum** am Rheinauhafen. Die braune Kakaomasse wird in allen Einzelheiten von der Ernte über die Geschichte und Herstellung bis zur Werbung dargestellt. Am schönsten aber als sprudelnder Schokoladen-Brunnen, von dem man sogar naschen darf.

Natürlich können wir auch gleich am Dom das **Museum Ludwig** für moderne Kunst besuchen oder uns nebenan im **Römisch-Germanischen Museum** über Kölns Vergangenheit informieren und feststellen, dass Kölns Geschichte keineswegs mit der römischen Gründung im Jahre 50 beginnt. Ausgrabungen bezeugen Siedlungen schon in der Steinzeit.

## Die ewige Baustelle

Wer nun glaubt, aufgrund ihres hohen Alters triefe Madam Köln vor Historie und Mittelalter, der irrt. Zwar überragen die Türme des Doms und zahlreicher romanischer Kirchen die

Innenstadt, im Grunde jedoch ist Köln eine ewige Baustelle. Selbst der Dom stand von jeher halbfertig am Rhein. Erst vor gut hundert Jahren entschlossen sich die Kölner widerwillig, ihn zu vollenden.

Der Kölner baut unablässig weiter, hier eine neue U-Bahn, dort ein noch moderneres Museum, und wo kein Platz ist, wird Platz gemacht. Da kennt der Kölner nichts.

### Chaos und Gemütlichkeit

In diesem milden Chaos haben es sich die Kölner gemütlich eingerichtet. Als geborene Händler und Kaufleute pflegen sie eine gewisse Offenherzigkeit, ja Weltläufigkeit. Das spiegelt sich in der erheblichen Anzahl von Galerien, Konzerthäusern und Theatern (mehr als zwanzig), die tagtäglich *Das* einheimische wie auswärtige Gäste bedienen. *Schokoladen-*

An Wochenenden jedoch – der Frühling naht! – zieht's *museum im* den Kölner ins Grüne. Der **Roncalliplatz** am Dom und die *Rheinauhafen*

Uferpromenade am schönen Rhein verwandelt sich in einen Rummelplatz mit Rollerbladern, Gauklern, Spaziergängern und – natürlich – Kölschtrinkern. Beliebt ist auch die Kölner **Südstadt** mit ihren alten Häusern, den Kneipen und dem großen, lauschigen Volksgarten.

## Raus ins Grüne

*Der Dom liegt immer im Blickfeld.*

Rollerfahrer steuern bevorzugt das südlich gelegene Ausflugsziel Rodenkirchen an. **Rodenkirchen** gilt als die köl-

sche Riviera, hier weitet sich der Rhein, Auwälder wuchern.
Bei warmem Wetter trauen sich die Leute sogar ins leidlich
saubere Rheinwasser. Am flachen Ufer tummeln sich über-
fütterte Gänse, Schwäne, Enten, Möwen und Haubentau-
cher. In schnuckeligen Lokalen mit Rheinblick herrscht Hoch-
betrieb, hier gönnen sich die Kölner Herrschaften Kaffee und
Kuchen. Am schönsten jedoch schaukelt es sich auf der »Alten Liebe«, einem der zahlreichen Bootshäusern, mit oder
ohne Kölsch. Wat is et doch schön in Colonia.

*Die kölsche
Riviera bei
Roden-
kirchen*

**RHEINLAND**

| Nr. | Straße km | Position | Richtung | Information | |
|---|---|---|---|---|---|
| 4 | B 9 5 km | Rodenkirchen | ← | auf der B 9 bleiben bis zur Abbiegung nach Rodenkirchen, weiter entlang des Rheins unter der großen Hängebrücke hindurch | B 9 5 km |
| 3 | B 9 1 km | Südstadt | ↑ | rechter Hand liegt die als Wohn- und Kneipenviertel (Früh em Veedel) beliebte Südstadt | B 9 1 km |
| 2 | B 9 2 km | Schokoladenmuseum | ↑ | auf der Rheinuferstraße südwärts in Richtung Bonn bis zum Rheinauhafen | B 9 2 km |
| 1 | — 1 km | Altstadt | ↑ | Gewirr aus engen Gassen, Einbahnstraßen und Fußgängerzonen, aber befahrbar, alle Sehenswürdigkeiten liegen dicht beieinander | 1 km |

Dieses Roadbook zum Heraustrennen im Anhang

83

## INFORMATION

- **Köln**
Tourismus Office
Unter Fettenhennen 19
50667 Köln
Tel. (0221) 1 94 33 oder 2 21 33 45
E-Mail koelntourismus@koeln.org
Internet www.koeln.de

## UNTERKUNFT

Übernachtungen fallen in Köln meist in die Kategorie der gehobenen Preisklasse. Während der großen Messen ist in der ganzen Stadt und Umgebung auch für viel Geld kein Bett zu bekommen. Da hilft nur frühzeitiges Buchen.

- **Köln**
Jugendherberge
Siegestraße 5a
50679 Köln
Tel. (0221) 81 47 11
Fax (0221) 98 49 25
Preisgünstigste Möglichkeit zu nächtigen. Am Rande der Innenstadt.

Novotel Köln
Bayenstraße 51
50678 Köln
Tel. (0221) 80 14 70
Fax (0221) 80 14 71 48
Internet www.Novotel.de
Zentral am Rheinauhafen gelegen. Sonderangebote für Biker pro Person und Nacht im DZ, inklusive Frühstücksbuffet, gültig von Freitag bis Sonntag, in der Nacht vor Feier- und Brückentagen sowie Juli/August täglich. Für das Motorrad ist eine überdachte Unterbringung gewährleistet, außerdem erhält man einen Aral-Tank-/Warengutschein.

Dom-Hotel
Domkloster 2a
50667 Köln
Tel. (0221) 2 02 40
Fax (0221) 2 02 44 44
Internet www.lemeridien-domhotel.com
Mit Blick auf den Dom. Nach wie vor die erste Adresse in Köln.

## ESSEN & TRINKEN

- **Köln**
So international wie die Stadt ist ihre Küche. Typisch jedoch sind die Kölner Brauhäuser, in denen neben Kölsch auch rheinische Küche serviert wird. Die beliebtesten sind:
– Brauhaus Päffgen, Friesenstraße
– Früh, Am Heinzelmännchenbrunnen
– Früh em Veedel, An der Severinstorburg (täglich frische Reibekuchen)

## ROLLER-VERLEIH

- **Köln**
Städtetaugliche Roller mit 50 cm² Hubraum verleiht die Firma Huber, Niehler Kirchweg 41
50733 Köln-Nippes
Tel. (0221) 7 60 28 04
Fax (0221) 76 41 77

## SEHENSWERT

- **Köln**
Dom. Grundsteinlegung 1248. Bedeutende Glasmalereien und Skulpturen der hohen Gotik, Stephan-Lochner-Altarbild, Schrein der Heiligen Drei Könige sowie Schatzkammer.
Historisches Rathaus mit Renaissancehalle.

Kranz von zwölf bedeutenden romanischen Kirchen in der Innenstadt, unter anderem: St.Andreas, St.Aposteln, St.Gereon, Groß St.Martin, Maria im Kapitol, St.Severin. Das Neue Wallraff-Richartz-Museum liegt zwischen Rathaus und Gürzenich. Das Museum Ludwig zeigt Kunst des 20.Jahrhunderts; das Römisch-Germanische Museum beherbergt das Dionysos-Mosaik, das Poblicius-Grabmal und eine römische Glassammlung. Beide Museen unter einem Dach mit der Philharmonie unmittelbar neben dem Dom. Das Imhoff-Stollwerk-Museum lockt Schokoladensüchtige aus aller Welt in den Rheinauhafen.

## EINKAUFEN

- **Köln**

Neben Düsseldorf gilt Köln als die Einkaufsmetropole in Nordrhein-Westfalen. In den Shoppingmeilen »Hohe Straße« und »Schildergasse« sind alle Kaufhäuser und Markennamen vertreten. Ausgefallenere Artikel finden sich in den kleinen Geschäften und Boutiquen auf der Ehrenstraße/Breite Straße. Kunstsammler grasen die zahlreichen Kölner Galerien ab. Auch für den Normalsterblichen lohnt es sich, einen Blick in die aktuellen Gemälde- und Photoausstellungen zu werfen.

# Burgen Tour

Die Frage, warum es am Rhein so schön sei, können heutzutage am besten japanische und amerikanische Touristen beantworten. Deutsche finden es auf Mallorca schöner. Nur wir Motorradfahrer halten dem Vater Rhein eisern die Treue.

**D**as Siebengebirge gehört zum Stadtbild von Bonn, den letzten und kleinsten der sieben Berge ziert die markante Ruine des **Drachenfels** und macht den gleichnamigen Berg zum beliebten Ausflugsziel für die Städter aus Bonn und Köln. Der Anstieg erfolgt per pedes oder Zahnradbahn, die Harley muss unten warten. Der Rummel ist beträchtlich bis beängs-

*Die Marksburg, Sitz der Burgenvereinigung*

tigend, die Aussicht ins Rheintal überwältigend, die Ruine selbst von einem Betonbau aus den 60er-Jahren verschandelt. Dass es auch anders geht, beweist die gegenüberliegende Ruine der Godesburg. Dort wurde der Neubau des Hotels vom Stararchitekten Gottfried Böhm entworfen und lehnt sich an die Formsprache des mittelalterlichen Burgenbaus an.

## Tummelplatz der Romantik

Wer auf den **Drachenfels** klettert, sollte nicht auf den Besuch der Drachenburg auf halber Höhe verzichten. Ein Nachbau des ausgehenden 19. Jahrhunderts, kurios zwar, aber durchaus bezeichnend für die Rheinburgen. Denn nicht wenige wurden in dieser Zeit den Vorstellungen der Romantik entsprechend restauriert oder wiederaufgebaut.

Etwa die Burg Arenfels, zwei Dutzend Kilometer flussaufwärts bei **Bad Hönningen**. Gut lässt sich unter spitzem Kegeldach der mittelalterliche Bergfried ausmachen. Oder gegenüber, oberhalb von Bad Breisig, die Burg Rheineck. Nur das Mauerwerk des Turms ist mittelalterlichen Ursprungs, der gesamte restliche Bau wurde Mitte des 19. Jahrhunderts von dem Architekten Lassaulx entworfen und gilt als Kunstwerk für sich, mit bedeutenden Fresken in der Kapelle und dem Oktagon des Rittersaals. Leider lassen sich beide Burgen nicht besichtigen.

## Japanisches Raubrittertum

Zwischen Bad Breisig und Andernach erstreckt sich einer der landschaftlich reizvollsten Abschnitte des Rheins, doch interessant wird es für Burgenfahrer erst hinter **Koblenz**, dann aber richtig. Auf der linken Rheinseite leuchtet strahlend gelb die Stolzenfels aus dunklem Tann. Ebenfalls ein Werk des 19. Jahrhunderts, diente sie dem preußischen Kronprinzen Friedrich Wilhelm als Domizil. Ihr gegenüber, auf der anderen Rheinseite, die Burg Lahneck. In sanften Schwüngen klettert die Road King bergan, kullert noch ein Stückchen durch den Wald, rollt durch ein schmales Portal und landet

*Die Stolzenfels bei Koblenz*

am Fuß einer mächtigen Schildmauer. Der Biergarten vor dem Burgtor veranlasst uns, ein wenig die Sonne und den Blick auf den Zusammenfluss von Rhein und Lahn zu genießen. Jetzt aber nicht die Besichtigung verbummeln! Die Lahneck erweist sich als wahrer Dornröschentraum, besonders die kühle gotische Burgkirche beeindruckt. Die echteste

*Die Burgen Gutenfels und Pfalzgrafenstein bei Kaub*

aller Ritterburgen hingegen ist die Marksburg in **Braubach**. Nie zerstört, blättert sich ihre Baugeschichte wie im Bilderbuch auf: der frei im engen Hof stehende

RHEINLAND

Bergfried, der romanische und gotische Palas (Wohnge-bäude), die später errichteten Bastionen. Das beeindruckte auch die Japaner: Sie wollten die Marksburg Stein für Stein abtragen und im Fernen Osten wieder aufbauen. Ging aber nicht, da die Marksburg der Deutschen Burgenvereinigung seit 100 Jahren als Stammsitz dient. Also haben die Japaner das Wunderwerk Zentimeter für Zentimeter vermessen und sich eine eigene Marksburg in Japan errichtet.

### Die Loreley-Burgen-Straße

Nach dem lehrreichen Besuch der Marksburg entspannen wir uns beim Kurvenräubern auf der Loreley-Burgen-Straße, die den Taunus durchquert und uns in **St. Goarshausen**-Wellmich wieder an den Rhein bringt. Hier erheben sich die Burgen Maus und Katz, eigentlich Katzenelnbogen. Beide in privater, letztere gar in japanischer Hand. Nur die mächtige Ruine der Burg Rheinfels auf der anderen Seite bei **St. Goar** lässt sich besichtigen. Der ganze Berg ist durchwühlt von Wehrgängen und Kasematten. Beeindruckend auch der rie-sige Keller, den man einst mit Wein füllte, um die Wach-mannschaften bei Laune zu halten.

Die Rheingoldstraße führt uns oberhalb des Rheintales nach **Oberwesel**. Die Burg heißt Schönburg und hat ihren Namen verdient. Der Palas wurde wie im Mittelalter rot ver-putzt, aus jedem Fenster schaut ein langhaariges Burgfräu-lein, jedes amerikanischer Herkunft, denn die Burg ist ein Hotel. Schon von der Schönburg erblicken wir die Pfalzgra-fenstein, die wie ein Schiff in den Rheinfluten schwimmt.

### Mittelalterliches Bacherach

Weiter geht es nach Bacherach: romantisch sind die erhal-tene Stadtbefestigung, die engen Gassen, die Ruine der Wernerkapelle und als Krönung die Stahleck, eine gut erhal-tene Stauferburg, die heute als Jugendherberge dient. Impo-nierend die Schildmauer; Schildmauern dienten als Schutz vor den im Spätmittelalter aufkommenden Kanonen, sie si-cherten die gefährdete Stelle gegenüber des Berghanges.

*Das Stadttor von Filsen*

*Bacharach hat sich seit dem Mittelalter wenig verändert.*

Weiter südlich folgen die Ruinen Fürstenberg, Heimburg, Sooneck, Reichenstein und die schöne Rheinstein. Erst bei **Bingen** öffnet sich das Rheintal. Mit seinen Klippen gefährdete das Binger Loch jahrhundertelang die Rheinschifffahrt. Außerdem wurde abkassiert. Der Mäuseturm im Rhein und die Ehrenfels am Rüdesheimer Ufer waren Zollstationen. Wir aber fahren auf der anderen Rheinseite zurück.

---

**TIPP**

**Die Ruine Ehrenfels am Binger Loch kann besichtigt werden. Gegen ein Pfand erhält man im Rüdesheimer Verkehrsamt den Schlüssel.**

Oder haben Sie sich den Unterschied zwischen Rheineck, Rheinfels und Rheinstein merken können?

| Nr. | Straße km | Position | Richtung | Information | |
|---|---|---|---|---|---|
| 3 | B 9 / 28 km | Bingen | | mit der Fähre übersetzen nach St.Goar, entweder die kurvigen Rheingoldstraße über die Höhen oder der B 9 am Rhein folgen | B 9 / 28 km |
| 2 | 25 km | St. Goar-hausen | | über die Burgen-Lorely-Straße durch den Taunus, alternativ auf der B 42 am Rhein entlang | 25 km |
| 1 | B 42 / 75 km | Braubach | | von Bonn aus rechtsrheinisch auf der Bundes-straße über Bad Hönningen und Koblenz bis nach Braubach (Marksburg) | B 42 / 75 km |

**Dieses Roadbook zum Heraustrennen im Anhang**

## INFORMATION

• **St. Goar**
Rheintouristik »Im Tal der Loreley«
Heerstraße 86
56329 St.Goar
Tel. (06741) 13 00
Fax (06741) 9 31 93
E-Mail TalderLoreley@t-online.de
Internet www.TalderLoreley.de

• **Bad Honnef-Königswinter**
Tourismus Siebengebirge GmbH
Kirchstraße 2

53604 Bad Honnef
Tel. (02224) 90 06 36
Fax (02224) 7 96 87

## UNTERKUNFT

• **Bonn-Godesberg**
Hotel Godesburg
Auf dem Godesberg 5
53177 Bonn
Tel. (0228) 31 60 71
Fax (0228) 31 12 18

• **Linz**
Hotel Weinstock
Linzhausenstraße 38
53545 Linz/Rhein
Tel. (02644) 24 59
Fax (02644) 88 57
Internet www.Hotel-Weinstock.de

Rheinisches Traditionshotel mit regionaler und saisonaler Küche, Gartenterrasse, Garagen und Biker-Treff.

• **Oberwesel**
Burghotel
Auf der Schönburg
55430 Oberwesel
Tel. (06744) 9 39 30
Fax (06744) 16 13
Internet www.hotel-schoenburg.de

Wohnen im Roten Palas: nicht ganz billig.

## ESSEN & TRINKEN

• **Kaub**
Hotel Deutsches Haus
Schulstraße 1
56349 Kaub
Tel. (06774) 2 66, Fax (06774) 91 92 20
E-Mail Deutsches.Haus.Kaub@t-online.de

Herausragende Küche zu bezahlbaren Preisen – die beste am Mittelrhein. Günstige Zimmer. Montags geschlossen.

• **Kamp-Bornhofen**
Im Volksmund werden sie »Die Feindlichen Brüder« genannt: Die Burgen Liebenstein und Sterrenberg liegen malerisch dicht beieinander auf einem Felssporn. Auf beiden Burgen Gastronomiebetrieb, auf der Sterrenberg auch Übernachtungsmöglichkeit.
Tel. (06773) 3 08 und 3 23

## SEHENSWERT

• **Braubach**
Marksburg.
Führungen: Ostern bis Oktober täglich 10–17 Uhr; November bis Ostern 11–16 Uhr.
Tel. (02627) 2 06

• **Lahnstein**
Burg Lahneck.
Besichtigung: von April bis Oktober täglich. Gutes Restaurant mit Terrasse. Tel. (02621) 27 89 und 22 44

• **Koblenz-Kapellen**
Burg Stolzenfels.
Öffnungszeiten: 9–17 Uhr (Sommer) bzw. 16 Uhr (Winter), montags und im Dezember geschlossen. Auskunft: Tel. (0261) 5 16 56

## VERANSTALTUNGEN

• **Koblenz bis Bingen**
Letzter Sonntag im Juni: Tal toTal. Autofreier Sonntag im ganzen Rheintal. Die rechtsrheinische B 42 und die linksrheinische B 9 sind gesperrt. Die Orte sind allerdings von den Seitentälern aus erreichbar. Man vergnügt sich auf dem Rad, im Bötchen oder auf einem Rheindampfer. Volksfeststimmung.

• **Braubach**
Am Himmelfahrtswochenende in ungeraden Jahren: mittelalterliches Burgfest auf der Marksburg.

• **Tal der Loreley**
2.Samstag im August: Rhein in Flammen. Sommernachtsfest mit Riesenfeuerwerk.

• **Loreley Freilichtbühne**
Mai bis September: Open-Air-Konzerte von internationalem Rang.

# Am Ring

Keine Eifeltour ohne Besuch des Nürburgrings. Doch es geht auch ohne Rundenrekord und Spitzentempo auf der Nordschleife. Einfach Gas wegnehmen und einen Blick auf die Schönheiten abseits der Rennstrecke werfen.

**G**enau das wäre jetzt das Richtige: ein kühles Vollbad. Denn in der angeblich so regnerischen Eifel glüht eine weißgoldene Sonne erbarmungslos auf die Lederkombi. Der gute Mann da unten in der Ahr hat's besser, auf seinem Klappstuhl hockt er so tief im Fluss, dass das Wasser seinen blanken Kugelbauch umspült. Mit einer Flasche Bier in der Rechten

*An Start und Ziel der weltberühmten Rennstrecke wird kassiert.*

**MOSELFRANKEN**

hat er sich dem Müßiggang verschrieben – und ist einge-
pennt. Leider sind die Stühle, auf denen wir unterwegs sind,
für dererlei Wasserspiele nicht geeignet. Aber die Nähe der
Ahr und der kühle Erfrischungstrunk auf der Terrasse des
»Café Fahrtwind« lassen einen die hochsommerlichen Temperaturen leichter ertragen.

## Entlang der Ahr

Auf dem Weg in die Hocheifel haben wir in **Ahrbrück** einen
ersten Halt eingelegt. Die Tour entlang der Ahr mit ihren von
Rotweinreben bekränzten Hängen macht jetzt, mitten in der

Woche, riesig viel Spaß. Keine Heerscharen von Wochenend-
ausflüglern stören die flüssige Fahrt, keine mit Kegelclubs
abgefüllten Reisebusse verdieseln die gute Luft. Das »Café
Fahrtwind« – kaum zu übersehen dank der beiden roten und
blauen Bikerfiguren auf der weißen Fassade – hat sich zu einem beliebten Motorradtreffpunkt entwickelt. Dank Daniela
Daniels, der Besitzerin, ist die Begegnungsstätte vom Dach
bis zum Keller auf Motorradfahrer eingestellt. Das reicht
vom Biergarten hinterm Haus bis zum Handschuhtrockner –
falls es mal regnen sollte. Im Moment hätten wir gegen einen kleinen Guss von oben nichts einzuwenden. Strategisch
könnte das Café gar nicht günstiger liegen: Gleich um die

MOSELFRANKEN

Hausecke zweigt die Straße durchs **Kesselinger Tal** ab – unter Motorradfahrern zwar kein Geheimtipp mehr, aber nach wie vor eine der schönsten Nebenstrecken auf dem Weg zum Nürburgring. Die Straße ist schmal und windet sich sanft den Kesselinger Bach entlang. Im Ort selbst, wo sich ein kurzer Besuch der aus dem 13. Jahrhundert stammenden Pfarrkirche St. Petrus und Maternus lohnt, biegen wir, dem Wegweiser folgend, ins Heschbach-Tal ab. Sattes Grün ist die vorherrschende Farbe, die uns begleitet. Saftige Weiden und ein frisch leuchtender Mischwald lassen eher an ein grünes Paradies denken denn an die »Grüne Hölle«, die unser geplantes Fahrtziel ist.

### TIPP

Seit 1990 hat sich das graue Haus in Ahrbrück an der Bundesstraße 257 zu *dem* Motorradfahrercafé in der Eifel entwickelt. Café Fahrtwind, Hauptstraße 45, 53506 Ahrbrück, Tel. (02643) 60 06 Internet www.cafefahrtwind.de

Dem sind wir schon recht nahe, als wir uns hinter **Kaltenborn** entscheiden müssen, entweder gleich nach Adenau zu fahren oder bei Jammelshofen die Bundesstraße 412 zu nehmen, die uns auf dem schnellsten Weg zur Grand-Prix-Strecke führt.

## Entspannt zum Ring

Doch wozu hetzen? Außerdem sind die zahlreichen Serpentinen hinauf auf die **Hohe Acht** einfach zu verlocken. Im dichten Laubwald, durch den die Straße verläuft, ist es auch angenehm kühl, so dass wir uns sogar dazu hinreißen lassen, den kurzen Fußmarsch zum Kaiser-Wilhelm-Turm auf uns zu nehmen. Vom Turm hat man einen phantastischen Blick über die Eifellandschaft und vergisst sogar den Schweiß, den man für den steilen Aufstieg vergossen hat.

Dort droben sind sie denn auch schon gut zu hören, all jene Möchtegern-Schumis mit den tiefergelegten GTIs, die zu gern den Rundenrekord auf der Nordschleife brechen möchten. Uns steht der Sinn eher nach beschaulichem Tempo. Den *Rast in* nächsten Halt legen wir daher am Nürburgring-Museum ein. *Ahrbrück* In den blitzblanken Ausstellungsräumen ist alles aufgereiht,

**MOSELFRANKEN**

was jemals auf zwei oder mehr Rädern am Nürburgring erfolgreich war. Bemerkenswert, dass nicht nur Oldtimer, sondern Fahrzeuge aus heutiger Zeit zu besichtigen sind. Da packt einen schon das Rennfieber. Weiter führt uns der Weg zwischen GP-Kurs und Nordschleife am alten Fahrerlager vorbei, wo Neugierige immer etwas Sehenswertes finden, hin zum Schwarzen Berg. Bereits zur Römerzeit soll auf dem »Norberg« ein Kastell gestanden haben, auf dessen Fundament im Mittelalter die Nürburg errichtet wurde, damals die mächtigste Burganlage der Eifel.

*Die schönsten Rennmaschinen im Nürburgringmuseum.*

## Die legendäre Nordschleife

Vom 39 Meter hohen Bergfried blicken wir noch einmal zur Rennstrecke hinüber, ehe wir uns wieder auf die Motorräder

schwingen. Beinahe alpin ist der Abstieg quer durch das Nordschleifenrund. Mehrere Erste-Gang-Kehren führen abwärts nach Breidscheid, wo sich das Tor zur »Grünen Hölle« öffnet. Aber es ist mindestens genauso interessant, aufgemotzte Big Bikes oder getunte Porsche bei ihrer Suche nach der Ideallinie zu beobachten wie selbst Runden zu drehen.

Wir bummeln weiter zur guten Stube des Nürburgrings – nach **Adenau**. Am historischen Marktplatz mit dem Basaltbrunnen ist immer was los. Auf den herausgestellten Stühlen der Straßencafés haben es sich zahlreiche Motorradfahrer gemütlich gemacht und genießen das Fachwerkambiente der umliegenden Häuser. Zum Beispiel die »Blaue Ecke«, eine Gaststätte aus dem 17. Jahrhundert, die man getrost als Wahrzeichen Adenaus bezeichnen darf.

Von Adenau bieten sich zwei Routen für die Rückreise an: entweder der schnelle Weg über die Bundesstraße 257 direkt nach Altenahr oder die kurvige und idyllischere Landstraße über **Müsch** und – weiter der Ahr folgend – über Schuld nach **Dümpelfeld**, wo man wieder auf die Bundesstraße stößt. Als wir in Ahrbrück am Campingplatz »Europa« eintrudeln, sitzt unser Wasserfreund noch immer in den Fluten, sein Kugelbauch hat in der Zwischenzeit eine leuchtend rote Farbe angenommen.

| Nr. | Straße km | Position | Richtung | Information | |
|---|---|---|---|---|---|
| 6 | B 257 28 km | Müsch | | dem stillen Oberlauf der Ahr flussabwärts folgend über Schuld nach Dümpelfeld, auf der B 257 zurück nach Ahrbrück und Altenahr | B 257 28 km |
| 5 | B 258 12 km | Adenau | | in Richtung Blankenheim, das letzte Stück nach Müsch führt über die B 258 | B 258 12 km |
| 4 | B 257 21 km | Nürburgring | | in Richtung Adenau, die Bundesstraße führt quer durch das der Gelände der Nordschleife | B 257 21 km |
| 3 | —— 14 km | Kaltenborn | | über die Höhe Acht zur B 412, rechts zum Nürburgring, nach links Abstecher in Richtung Schloss Bürresheim und Maria Laach | 14 km |
| 2 | B 257 6 km | Ahrbrück | | das Kesslinger Tal gilt als eine der schönsten Strecken in der Eifel, schmale Straße | B 257 6 km |
| 1 | B 267 14 km | Altenahr | | von Bad Neuenahr durch das romantische Ahrtal | B 267 14 km |

**Dieses Roadbook zum Heraustrennen im Anhang**

**MOSELFRANKEN**

## INFORMATION

- **Koblenz**

Rheinland-Pfalz Tourismus GmbH
Löhrstraße 103–105
56068 Koblenz
Tel. (0261) 9 15 20-0
Fax (0261) 9 15 20-40
E-Mail info@rlp-info.de
Internet www.rlp-info.de

- **Bad Neuenahr-Ahrweiler**

Touristik-Service Ahr/Rhein/Eifel
Postfach 1340
53474 Bad Neuenahr-Ahrweiler
Tel. (02641) 9 77 30
Fax (02641) 97 73 73

## UNTERKUNFT

- **Mayschoß**

Gasthof Pension Krämer-Koch
Bundesstraße 26
53508 Mayschoß/Ahrtal
Tel. (02643) 83 02
Fax (02643) 83 02
Internet www.gasthof-kraemer.de
Gemütlicher Gasthof im Ahrtal,
ideal für Touren durch die Eifel.
Besitzer ist aktiver Biker; Garagen
und Unterstellmöglichkeiten vor-
handen.

- **Adenau-Breidscheid**

Bikerhotel an der Nordschleife
Trierer Str. 15
53518 Adenau/Breidscheid
Tel. (02691) 93 01 58
Fax (02691) 93 08 66
Internet www.Hotel-an-der-
Nordschleife.de

Das Hotel liegt direkt an der Auffahrt zur
Nordschleife in Breidscheid. Besucher können von hier selber zu Runden auf dem
Rennkurs starten oder das Renngeschehen
hautnah als Zuschauer verfolgen.

## ESSEN & TRINKEN

- **Adenau**

Hotel-Restaurant »Blaue Ecke«
Am Marktbrunnen
53518 Adenau
Tel. (02691) 20 05
Fax (02691) 38 05
Das historische Haus ist eine traditionelle
Anlaufstelle für erfahrene Tourer. Die Küche
wird von ihnen gerühmt, da sie neben fran-
zösischen und spanischen Spezialitäten auch
die Köstlichkeiten der Eifel anbietet.
5 km vom Nürburgring entfernt. Tourentipps,
Garage, Schrauberecke.

• **Ahrbrück**
Futterkrippe.
Ebenso traditioneller Zwischenstopp für den kleinen Hunger. Gastronomisch gesehen zählt die Futterkrippe eher zu den Basics.

### SEHENSWERT
• **Maria Laach**
Bedeutende romanische Benediktinerabtei am Laacher See.

• **Schloß Bürresheim**
Erstmals 1157 erwähnt. Öffnungszeiten: 9–13 Uhr und 14–18 Uhr (im Winter nur bis 17 Uhr). Montags und im Dezember geschlossen.

• **Ahrweiler**
Schöner mittelalterlicher Ort mit restaurierter Stadtmauer und Stadttoren.

### MOTORRADFAHREN

• **Nürburgring Nordschleife**
Der 20,8 km lange Traditionskurs wird an rennfreien Tagen für den Publikumsverkehr freigegeben. Die Straßenverkehrsordnung und die Geräuschvorschriften müssen eingehalten werden. Eine Runde kostet etwa 12.78 Euro. Bei Abnahme von 12 und 6 Runden gibt es Rabatt. Wer es gar nicht mehr sein lassen kann, sollte eine verhältnismäßig günstige Jahreskarte erwerben. Die aktuelle Öffnungszeiten erfährt man unter:
Tel. (02691) 3 02-0 oder im
Internet www.nuerburgring.de

• **Nürburgring Motodrom**
Wer mal auf vier Rädern schnell unterwegs sein möchte, findet hier gleich zwei Kart-Strecken zum Ausprobieren. Die Streckenlänge der Outdoorbahn beträgt 330 m, die der Innenbahn 450 m.
Tel. (02691) 3 02-4 92
Fax (02691) 3 02-4 93

*Fachwerk in Adenau*

# Oh Mosella

**Ein Fluss, der die Menschen froh macht und ihnen Besinnung spendet, wenn sie sein ruhiges Tempo auf sich wirken lassen. Besonders im Herbst, wenn der Rhythmus der Weinlese den Takt dazu angibt.**

Unsere Moselreise beginnt am Rhein, genauer gesagt am Deutschen Eck, wo der alte Kaiser Wilhelm auf seinem Bronzepferd sorgfältig den Zusammenfluss von Rhein und Mosel beäugt. Wir verlassen KO-City, wie sich die Nachfolgerin des römischen Kastells »Castrum ad Confluentes« (Kastell an der Mündung) heutzutage nennt und begeben uns auf die Suche

*Harte Arbeit im Weinberg Calmot*

nach der leichten Lebensart, die man den Moselfranken nachsagt. Unmittelbar hinter **Koblenz** nehmen uns die sanften, rebstockbewachsenen Hügel des Moselufers auf.

## Auf der Suche nach der leichten Lebensart

Die 545 Kilometer lange Mosel entspringt in den Vogesen. Bevor sie in den Rhein mündet, durchfurcht sie das Rheinische Schiefergebirge in gewaltigen Schleifen und bildet so die natürliche Grenze zwischen Eifel und Hunsrück. Zwei Schwäne mit lang gestrecktem Hals, in stolzem Flug dicht über dem Wasser, begleiten uns ein Stück flussaufwärts. Auf

*Träumen an der Mosel, ganz ohne Wein*

der rechten Flussseite, wo wir auf der B 48 weiterrollen, fallen uns die dunklen Fassaden ins Auge. Schiefer hat ihnen die Farbe gegeben – und dem Gebirge, durch das sich die Mosel ihren Weg bahnt, den Namen. In der steilen Biegung einer Moselschleife taucht das Weindorf **Dieblich** auf. Apfel- und Kirschbäume säumen die Straße – ein Bild, das früher den ganzen Mosellauf geprägt hat.

## Hexenweiber in Winningen

Der Dieblicher Berg erfreut sich einer weniger erquicklichen Vergangenheit. Im Hexenwahn des Mittelalters starben 21 Frauen auf dem Scheiterhaufen, wo der Ausflügler heute

genüsslich seine Vesper aus dem Rucksack holt. Auch die Geschichte vom Winninger Winzer, der sein Weib beim Griff zur Flasche ertappte und ihr darauf gebührlich den Hintern versohlte, will uns nicht so recht gefallen. Doch der Rebsaft namens »Weinhex«, der seine Bezeichnung dieser Begebenheit verdankt, mundet uns vorzüglich. Die Emanzipation der Frau hat in **Winningen** bis heute nicht Einzug gehalten: Einmal im Jahr werden hier die hübschesten jungfräulichen Winzerinnen verlost.

### TIPP

**Die Mosel lässt sich außer vom Motorradsattel aus am schönsten auf dem Schiffsdeck genießen. Viele Schifffahrtsgesellschaften bieten ein- oder zweistündige Abendrundfahrten an, manchmal sogar mit Live-Musik. Guten Gewissens kann man die edlen Moseltröpfchen probieren.**

## Burgfrieden

Mittelalterlich gibt sich auch das Seitental Eltz. Hier erhebt sich auf einem Felsbuckel die mächtige **Burg Eltz** mit an die 100 eng verschachtelten Erkern, Türmchen und Giebeln. 800 Jahre überstand sie ohne Zerstörungen. Die Wohnverhältnisse waren beengt, wie wir bei der Besichtigung feststellen können. Die Eltz war eine Ganerbenburg, das heißt, mehrere ritterliche Familien mussten sich die Burg teilen und miteinander mehr oder weniger Frieden halten. Unser Begriff Burgfrieden hat hier seinen Ursprung. Die Nachfahren der Grafen von Eltz haben die Burg noch heute in ihrem Besitz.

## Früher war alles besser

Flussaufwärts über **Cochem** und **Ernst** finden wir uns vor Valwigerberg inmitten von Weinbergen wieder. Die steilen Serpentinen fordern das Fahrkönnen. Hoch oben gelangen wir zur ehemaligen, schon bröckelnden Wallfahrtskirche St. Maria. Wieder unten angekommen, tuckern wir auf einer Moselfähre **Beilstein** entgegen. Der winzige, aber umso reizvollere Ort ist von römischem Fachwerk geprägt. Wir kommen mit einem älteren Winzer ins Gespräch. Wie sich das Leben doch verändert habe, klagt er. Der Wirt vom Restaurant gegenüber verdiene gut am Wein, zwei Euro kas-

*Plausch beim Winzer*

siere der für den Schoppen, dabei koste ihn im Einkauf der ganze Liter soviel. Der Winzer hingegen muss zusätzliche Hilfskräfte bezahlen. Früher sind die Madeln aus der Eifel und dem Hunsrück mit einem Persilkarton in der Hand zur Weinlese gekommen. Nach der Arbeit saß man abends fröhlich zusammen.

Wer die Trauben im nahen **Bremm** erntet, muss wahrhaft akrobatisches Können aufbieten. Denn mit 65 Prozent Steigung gilt der **Calmot** als der steilste Weinberg Europas. Die Winzer sind sich der Kostbarkeit ihrer Weintrauben durchaus bewusst. Sie kredenzen nur durchgegorene Weine.

## Berncastel-Kues

Solche Feinheiten spielen in **Berncastel-Kues** hingegen eine untergeordnete Rolle. Dicht an dicht drängen sich angeheiterte Besucher durch die Gassen. Acht Damen und Herren im mittleren Alter sind ohne Zweifel gewillt, sich auf Teufel komm raus zu amüsieren. Gelbe Kappen, an denen Antennen mit roten Herzchen zittern, krönen dauergewellte Frisuren. Die Ausflugsgesellschaft erinnert an einen Schwarm schunkelnder und »Oh Mosella« singender Marienkäfer. Obgleich noch früh am Vormittag, lassen sie die dritte Flasche Möselchen kreisen. An Wochenenden verwandelt der in vollen Zügen genossene Moselwein die schönen alten Winzerstädtchen in feucht-fröhliche Tollhäuser. Um den rechten Tourengenuss aufkommen zu lassen, empfiehlt es sich, in großen Schleifen die Epizentren der Weinfestbeben zu umfahren. Die Mosel macht es nicht anders.

| Nr. | Straße km | Position | Richtung | Information | |
|---|---|---|---|---|---|
| 6 | B 53 42 km | Berncastel–Kues | | Weiterfahrt auf der Bundesstraße bis Trier | B 53 42 km |
| 5 | B 53 12 km | Zell | | in Richtung Traben-Trabach, ab Kröv kann man auch auf der den Bundesstraße gegen-überliegenden Uferstraßen weiterfahren | B 53 12 km |
| 4 | B 49 15 km | Bremm | | mit der Fähre übersetzen, weiter auf der B 49 | B 49 15 km |
| 3 | 15 km | Beilstein | | über die Moselbrücke ans südliche Ufer, enge Straße mit Serpentinen | 15 km |
| 2 | B 49 40 km | Cochem | | auf der Bundestraße bleiben, Abbiegung zur Burg Eltz in Moselkern | B 49 40 km |
| 1 | B 416 11 km | Winningen | | von Koblenz auf dem nördlichen Moselufer in Richtung Cochem | B 416 11 km |

**Abendlicht auf den Rebhängen bei Cochem**

**MOSELFRANKEN**

**Dieses Roadbook zum Heraustrennen im Anhang**

115

## INFORMATION

- **Bernkastel-Kues**
Gestade 12–14
54470 Bernkastel-Kues
Tel. (06531) 20 91
Fax (06531) 20 93
Internet www.mosellandtouristik.de

- **Koblenz**
Rheinland-Pfalz Tourismus GmbH
Löhrstraße 103–105
56068 Koblenz
Tel. (0261) 9 15 20-0
Fax (0261) 9 15 20-40
E-Mail info@rlp-info.de
Internet www.rlp-info.de

**UNTERKUNFT**

- **Winningen**
Hotel Emmerich
Raiffeisenstr. 15
56333 Winningen/Mosel
Tel.( 02606) 5 37
Fax (02606) 29 04
Internet
www.winningen.com/hotel-emmerich
Ausgangspunkt für Touren entlang der Mosel, durch die Eifel, den Hunsrück und Westerwald. 40 km bis zum Nürburgring. Spezielle Angebote für Motorradfahrer.

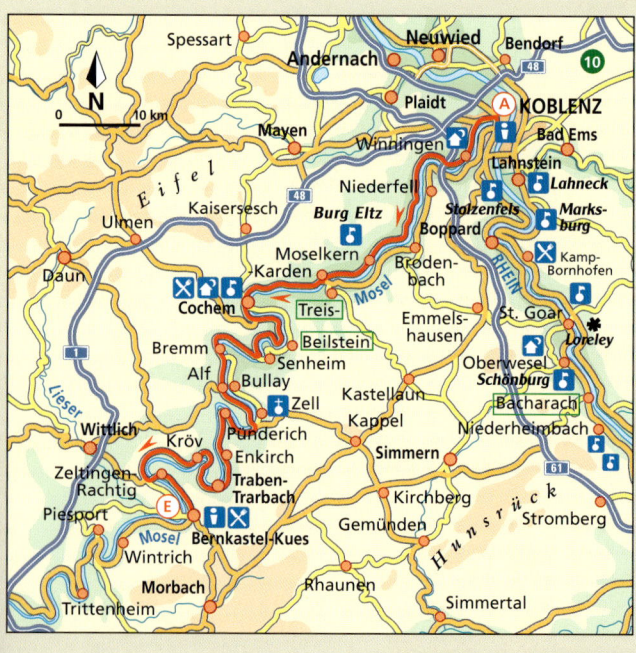

- **Cochem**
Hotel Pension Villa Tummelchen
Schloßstr. 22
56812 Cochem
Tel. (02671) 91 05 20
Fax (02671) 91 05 21
Internet www.moselpension.de
Romantisch eingerichtete Zimmer (nur
Nichtraucherzimmer, Raucherzonen sind vor-
handen). Unterstellmöglichkeiten, Werkzeug,
Lunchpakete, Tourenplanung, Waschgelegen-
heit sowie Trockenraum für Motorräder und
Fahrer.

## ESSEN & TRINKEN

- **Bernkastel-Kues**
Weinprobe in der Moselland eG
Bornwiese 6
54470 Bernkastel-Kues
Tel. (06531) 5 70
Weinkulturelles Zentrum im historischen
Gewölbekeller.

- **Cochem**
Weinprobe jeden Donnerstag um 20 Uhr
(von April bis November) in den Weingütern
oder nach Vereinbarung, Auskunft:
Tourist Information, Tel. (02671) 60 04-0

## SEHENSWERT

- **Cochem**
Reichsburg Cochem. Die Gemäuer hoch über
dem Weinstädtchen Cochem gehen auf das
Jahr 1000 zurück. Innen sind sie mit Möbeln
aus Barock und Renaissance ausgestattet.
Geöffnet 15. März–1. November. Führungen
9–18 Uhr. Auskunft: Tourist Information,
Tel. (02671) 60 04-0

- **Moselkern**
Die Burg Eltz überlebte 800 Jahre ohne Zerstörung und gilt daher als Kleinod unter den
deutschen Burgen. Einst zierte sie gar den
50-DM-Schein. Geöffnet 1. April–31.Oktober,
werktags 9–17.30 Uhr, sonn- und feiertags
10–17.30 Uhr.
Auskunft: Tel. (02672) 95 05 00

- **Bernkastel-Kues**
Mittelalterlicher Marktplatz, weinkulturelles
Zentrum, Cusanus Geburtshaus, Cusanus-
Stift, Puppen- und Spielzeugmuseum.

- **Zell**
Das ehemalige Kloster Marienburg liegt auf
der engsten Stelle der Zeller Schleife, an der
man meint, von Mosel zu Mosel spucken zu
können. 1127 erbaut, verfiel es im Zweiten
Weltkrieg und beherbergt heute eine Ju-
gendbildungsstätte sowie ein Hotel.

## VERANSTALTUNGEN

- **Reil**
September: ADAC-Moto–Cross-Rennen
»Auf dem heißen Stein«.
Internet www.adac.de

- **Mosel**
Mai bis Oktober: Moselfestwochen –
Konzerte und Classic-Open-Airs an kultur-hi-
storischen Stätten an der ganzen Mosel.
Programm und Karten sind erhältlich bei:
Mosel Festwochen
54470 Bernkastel-Kues
Tel. (06531) 30 00
Fax (06531) 38 94
Internet www.moselfestwochen.de

# Register

*Die Marksburg wacht*
*seit 800 Jahren am Rhein.*

ROUTEN IN NORDRHEIN-WESTFALEN

## Fahren mit dem Roadbook

Damit Sie die schönsten Touren ungehindert genießen können, erhalten Sie von uns das Roadbook für den schnellen Überblick zum Mitnehmen.

Mit Hilfe der Wegbeschreibungen und Kurzinfos erfahren Sie kurz und knapp, welche Abzweigungen Sie nehmen müssen und welche Attraktionen Sie am Straßenrand erwarten.

Am Anfang erhalten Sie einen kurzen Überblick über die Region und über den Routenverlauf. Das Roadbook selbst ist in übersichtliche Spalten aufgeteilt mit folgenden Informationen:

Die Kennzeichnungen **Nr./km** zählen die Kreuzungen und deren jeweilige Entfernungen zwischen den einzelnen Roadbook-Positionen auf.

**Straße** bezeichnet die Strecke mit der offiziellen inländischen Bezeichnung, auf der Sie sich befinden.

**Position** nennt die Ortschaft oder den Ort, an dem Sie sich gerade befinden.

Die Spalte **Richtung** weist darauf hin, welche Richtung Sie einschlagen müssen, um in einen Ort zu gelangen.

**Piktogramme** geben Ihnen genaue Anweisungen, welchen Abzweigungen Sie an den Kreuzungen folgen sollten.

Weitere Piktogramme finden Sie in der Spalte **Information**. Hier werden Sie auf besondere Sehenswürdigkeiten oder Übernachtungsmöglichkeiten hingewiesen.

Die Roadbooks finden Sie ab Seite 121.

### Die einzelnen Piktogramme:

| | | | |
|---|---|---|---|
| ✳ | Sehenswert | 🅣 | Tankstelle |
| 🅘 | Kirche | 🅐 | Badestrand |
| 🅢 | Schloss | 🅟 | Parkplatz |
| 🏛 | Museum | 🅒 | Campingplatz |
| ✺ | Aussicht rundum | 🅐 | Alternative, Abstecher |
| ⚘ | Aussicht halb | 🛥 | Fähre/Schiff |
| ⚠ | Achtung | 🅘 | Info |
| 🏨 | Hotel/Übernachtung | 🅣 | Turm |
| 🕳 | Höhle | 🅣 | Leuchtturm |
| ❎ | Bikerfreundliche Gaststätte | | |

# Roadbook

**Die jeweiligen Roadbooks
zum Heraustrennen und Mitnehmen**

# Roadbook 1
## Nordrhein-Westfalen

**Gebiet:** Münsterland
**Region:** Westfalen
**Routenverlauf:** Isselburg – Vreden – Gescher –
Groß Reken – Dülmen – Horstmar – Havixbeck – Münster
**Gesamtstrecke:** 198 km

| Nr. | Straße km | Position | Richtung | Information | |
|-----|-----------|----------|----------|-------------|---|
| 12 | B 54 / 15 km | Münster | ↑ | zahlreiche Sehenswürdigkeiten | B 54 / 15 km |
| 11 | 13 km | Altenberge | ↱ | lohnender Umweg durch die Baumberge | 13 km |
| 10 | 8 km | Havixbeck | ← | in Richtung Münster, abbiegen Altenberge | 8 km |
| 9 | 5 km | Laer | ↱ | in Richtung Havixbeck | 5 km |
| 8 | 41 km | Horstmar | ← | über Billerbeck und Darfeld in Richtung Steinfurt | 41 km |
| 7 | B 51 / 12 km | Sythen | ↱ | nach Dülmen und weiter auf der B 51 in Richtung Senden/Münster | B 51 / 12 km |
| 6 | 7 km | Klein Reken | ↱ | in Richtung A 43, weiter nach Sythen | 7 km |
| 5 | 9 km | Groß Reken | ← | in Richtung A 31, weiter über Landstraße | 9 km |
| 4 | 14 km | Düwelsteene | ↑ | über Velen in Richtung Heiden, Nebenstrecke | 14 km |
| 3 | 27 km | Gescher | ↱ | über Wendtfeld und Stadtlohn nach Gescher | 27 km |
| 2 | 29 km | Vreden | ← | in Richtung Vreden reizvolle Nebenstraße | 29 km |
| 1 | B 67 / 18 km | Isselburg-Anholt | ↑ | in Richtung Bocholt/Borken | B 67 / 18 km |

## INFORMATION

**• Münster**
Stadtwerbung und Touristik
Berliner Platz 22
48143 Münster
Tel. (0251) 4 92 27 10

**• Dortmund**
Landesverband Westfalen
Friedensplatz 3
44135 Dortmund
Tel. (0231) 52 75-06/07

**• Dülmen**
Verkehrsamt
Markt 1–3
48249 Dülmen
Tel. (02594) 1 21 22

BRUCKMANN

## UNTERKUNFT

• **Gescher**
Domhotel
Kirchplatz 6
48712 Gescher
Tel. (02542) 9 30 10
Fax (02542) 76 58

• **Reken**
Hotel Lütkebohmert
Veen
48734 Reken Maria
Tel. (02864) 12 32

• **Münster**
Jugendgästehaus Aasee
Bismarkallee 31
48151 Münster
Tel. (0251) 52 29 33

## ESSEN & TRINKEN

• **Isselburg**
Hotel-Restaurant Schloss Anholt
46419 Isselburg
Direkt im Wasserschloss Anholt gelegen.

## SEHENSWERT

• **Merfelder Bruch**
Wildpferdebahn bei Dülmen
Geöffnet 1.3. – 1.11. Sa, So, feiertags
bei gutem Wetter 10–18 Uhr

• **Gescher**
Glockenmuseum
Täglich außer Montag geöffnet,
10–12 Uhr und 15–17 Uhr,
sonntags nur 10–12 Uhr
Besichtigungen der Glockengießerei können
unter Tel. (02542) 802 vereinbart werden.

• **Zwillingsbrocker Venn**
Bei Vreden nahe der holländischen Grenze.
Hochmoor und Moorsee mit Inseln als Brut-
und Raststätte seltener Vögel.

## VERANSTALTUNGEN

• **Dülmen**
Letzter Samstag im Mai:
Wildpferdefang im Merfelder Bruch.
Informationen unter Tel. (02594) 40 45

• **Ibbenbüren**
Juni: Motorrad-Veteranen-Rallye

# Roadbook 2
## Nordrhein-Westfalen

**Gebiet:** Teutoburger Wald
**Region:** Westfalen
**Routenverlauf:** Hermannsdenkmal – Berlebeck – Horn-Bad Meinberg – Bad Driburg – Detmold – Bielefeld
**Gesamtstrecke:** 75 km

| Nr. | Straße / km | Position | Richtung | Information | |
|---|---|---|---|---|---|
| 8 | B 239 / 23 km | Oerling-hausen | ↑ | über die B 66 weiter nach Bielefeld | B 239 / 23 km |
| 7 | 17 km | Horn-Bad Meinberg | ↑ | über die B 239 nach Detmold und Lage weiter über die B 66 Richtung Bielefeld | 17 km |
| 6 | 8 km | Buke | → | in Richtung Altenbeken, landschaftlich reizvolle Strecke durchs Eggegebirge | 8 km |
| 5 | B 64 / 8 km | Bad Driburg | ← | über die Iburg in Richtung Paderborn | B 64 / 8 km |
| 4 | 7 km | Horn-Bad Meinberg | → | in Richtung Bad Driburg, waldreiche Strecke | 42 km |
| 3 | 9 km | Schlangen | ← | in Richtung Horn-Bad Meinberg | 9 km |
| 2 | 2 km | Berlebeck | ↑ | in Richtung Externsteine, weiter über die Passhöhe Gausköte | 2 km |
| 1 | 1 km | Hermanns-denkmal | ↑ | in Richtung Horn-Bad Meinberg | |

## INFORMATION

• **Detmold**
Teutoburger Wald Tourismus e.V.
Bad Meinberger Straße 1
32760 Detmold
Tel. (05231) 95 85 55, Fax (05231) 95 85 75
E-mail info@teutoburgerwald.de
Internet www.teutoburgerwald.de
Kostenlose Hotline:
0800 83 888 85

• **Horn-Bad Meinberg**
Bürger+Tourist Service
Marktplatz 2
32805 Horn-Bad Meinberg
Tel. (05234) 2 01–3 00, Fax (05234) 2 01–2 44
E-Mail
tourist-information@horn-badmeinberg.de
Internet www.horn-badmeinberg.de

## UNTERKUNFT

• **Bielefeld**
Novotel Bielefeld Johannisberg
Am Johannisberg 5
D-33615 Bielefeld
Tel. (0521) 3 61 80
Fax (0521) 9 61 80
Internet www.novotel.de
Günstige Sonderangebote für Biker, – pro Person und Nacht im DZ, inklusive Frühstücksbuffet – gültig von Freitag bis Sonntag, in der Nacht vor Feier- und Brückentagen sowie Juli/August täglich. Für das Motorrad ist eine überdachte Unterbringung gewährleistet – außerdem erhält man einen Aral-Tank-/Warengutschein.

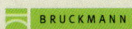
BRUCKMANN

## ESSEN & TRINKEN

### • Oerlinghausen
Altes Gasthaus Nagel. Westfälische
Spezialitäten. Auch Übernachtungen.
Hauptstraße 43
33813 Oerlinghausen
Tel. (05202) 56 55

## SEHENSWERT

### • Oerlinghausen
Archäologisches Freilichtmuseum.
Sammlung charakteristischer ur- und frühge-
schichtlicher Haus- und Hofrekon-
struktionen von der Steinzeit bis ins frühe Mit-
telalter auf einem 10 000 m² großen Gelände.
Auskunft:
Tel. (05202) 22 20, Fax (05202) 23 88

### • Horn-Bad Meinberg
Externsteine.
Natur- und Kunstdenkmal aus vorchristlicher
Zeit im Ortsteil Holzhausen-Externsteine,
ca. 1 km Fußweg. 38 m hohe, bizarre Felsen
aus Sandstein mit Relief der Kreuzabnahme
Christi aus der Zeit um 1130. Auskunft:
Forstamt Horn, Tel. (05234) 3 00

### • Bad Driburg
Sehenswerte Ruine Iburg.
Auf den Fundamenten der von Karl dem
Großen zerstörten Sachsenburg.
Auskunft: Bad Driburger Touristik GmbH,
Tel. (05253) 98 94-0, Fax (05253) 98 94-0
Internet www.bad-driburg.com

### • Detmold-Hiddesen
Hermannsdenkmal.
Erbaut im Jahre 1875 erinnert es an die Varus-
Schlacht 9 n. Chr. Gesamthöhe:
53,46 m. Erbaut auf einer noch erkennbaren
altgermanischen Wallanlage. Eine Cafeteria
verköstigt hungrige Germanen und andere
Volksstämme. Auskunft: Landesverband Lippe,
Hermannsdenkmalstiftung,
Tel. (05261) 2 50 20

# Roadbook 3

## Nordrhein-Westfalen

**Gebiet:** Niederrhein
**Region:** Nordlicher Rhein
**Routenverlauf:** Duisburg – Wesel – Xanten – Rees – Emmerich – Kleve – Goch – Kevelaer – Geldern
**Gesamtstrecke:** 123 km

| Nr. | Straße km | Position | Richtung | Information | |
|---|---|---|---|---|---|
| 10 | B 9 10 km | Geldern | ↑ | ✳ 🚹 | B 9 10 km |
| 9 | B 9 10 km | Kevelaer | ↑ | alternativ nach Xanten, schöne Strecke  ✳ 🚹 🏛 A | B 9 10 km |
| 8 | B 9 25 km | Kleve | ↑ | in Richtung Goch | B 9 25 km |
| 7 | B 220 12 km | Emmerich | ↑ | über die Rheinbrücke  🚹 | B 220 12 km |
| 6 | B 8 16 km | Rees | ↰ | alternativ die Deichstraße über Grietherort  ✳ A 🚹 🏛 | B 8 16 km |
| 5 | B 67 8 km | Kehrum | ↱ | über die berühmte Rheinbrücke nach Rees | B 67 8 km |
| 4 | B 57 12 km | Xanten | ↑ | in Richtung Kalkar  ✳ 🚹 🏠 🏛 🚹 | B 57 12 km |
| 3 | 24 km | Rees | ↑ | auf kleinen Straßen längs der Altrheinarme direkt nach Rees, Xanten auf der Rückfahrt  ✳ A 🚹 🏛 | 24 km |
| 2 | B 56 15 km | Wesel | ↰ | über Rheinbrücke in Richtung Xanten  ✳ 🏛 🚹 🏠 | B 56 15 km |
| 1 | B 8 25 km | Duisburg | ↑ | in Richtung Wesel | B 8 25 km |

## INFORMATION

- **Kalkar**
Touristik-Agentur NiederRhein GmbH
Mühlenstege 11
47546 Kalkar
Tel. (02824) 92 35 92
Fax (02824) 92 35 35

- **Xanten**
Tourist-Information
Rathaus/Karthaus 2
46509 Xanten
Tel. (02801) 77 22 98
Fax (02801) 77 22 09

## UNTERKUNFT

- **Wesel**
Hotel Bürik
Venloer Straße 74 (an der B 58)
46487 Wesel
Tel. (02803) 80 02 50
Fax (02803) 10 13

- **Xanten**
Hotel Gasthaus Xanten
Poststraße 4–10
46509 Xanten
Tel. (02801) 77 67 90
Fax (02801) 7 76 79 50

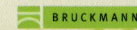
BRUCKMANN

# ESSEN & TRINKEN

## • Xanten
In der Römischer Herberge des Archäologischen Parks (siehe unten) lassen sich nach Originalrezepten römische Tafelfreuden nachempfinden.

## SEHENSWERT
## • Xanten
Archäologischer Park.
Das überaus sehenswerte Freilichtmuseum umfasst einen Teil der historischen Römerstadt zu Xanten mit Amphitheater, Hafentempel, Stadtmauer etc.
Geöffnet: 9 –18 Uhr (März–November),
10–16 Uhr (Dezember–Februar)
Informationen: Tel. (02801) 71 20,
Fax (02801) 71 21 49

## • Xanten
Zweitürmig ragt der Dom St. Viktor über die alte Römerstadt. Die gotische Kirche besitzt einen romanischen Kern und wurde von 1190 bis 1530 errichtet.

## • Emmerich
Das Rheinmuseum zeigt 130 Schiffsmodelle, Martinikirchgang 2, 46446 Emmerich, geöffnet: 10–12.30 Uhr, Do auch 14–18 Uhr, Sa geschlossen, Tel. (02822) 7 54 00, Fax (02822) 7 54 17

## • Kevelaer
Neben der als Wallfahrtsziel berühmten Gnadenkapelle wartet Kevelaer mit über 200 unter Denkmalschutz stehenden Gebäuden auf. Interessant auch das Volkskundemuseum, geöffnet: Di–So 10–17 Uhr, Hauptstraße 18, 47623 Kevelaer, Tel. (02832) 95 41-0, Fax (02832) 95 41 49

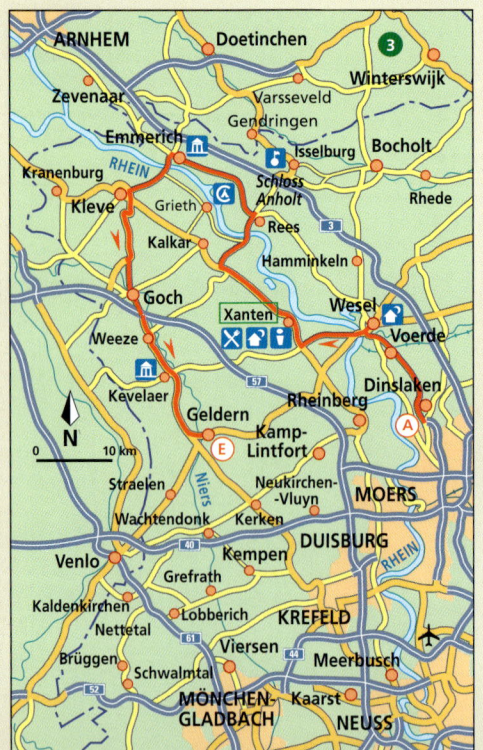

# Roadbook 4

## Nordrhein-Westfalen

| Nr. | Straße / km | Position | Richtung | Information | |
|---|---|---|---|---|---|
| 11 | B 54 / 8 km | Hohen-syburg | | Motorradtreffpunkt an der Autobahnauffahrt zur A 1 | B 54 / 8 km |
| 10 | B 234 / 4 km | Herdecke | | auf der B 234 bleiben bis zur Abbiegung Hohensyburg, beliebte Rennstrecke, Achtung Geschwindigkeitskontrollen | B 234 / 4 km |
| 9 | B 226 / 7 km | Wetter | | abbiegen auf die B 234, am Harkotsee entlang | B 226 / 7 km |
| 8 | L 924 / 13 km | Witten | | auf der Bundesstraße zum Aussichtspunkt Hohenstein, auf der Bundestraße bleiben | L 924 / 13 km |
| 7 | L 925 / 17 km | Hattingen | | an der Henrichshütte Richtung Blankenstein abbiegen, geradeaus in Richtung Herbede | L 925 / 17 km |
| 6 | B 224 / 2 km | Baldeneysee | | die Villa Hügel ist durch eine kurze Stichstraße zu erreichen, weiter durch Überruhr in Richtung Hattingen | B 224 / 2 km |
| 5 | L 242 / 6 km | Werden | | auf der rechten Ruhrseite bleiben, weiter am Ufer des Baldeneysee | L 242 / 6 km |
| 4 | L 441 / 12 km | Kettwig | | auf der rechten Ruhrseite in Richtung Werden | L 441 / 12 km |
| 3 | B 223 / 9 km | Mülheim | | auf der B 223 Mülheim verlassen, auf die B1 links abbiegen nach 500 m wieder rechts Richtung Kettwig durchs offene Ruhrtal | B 223 / 9 km |
| 2 | / 5 km | Duisburg-Ruhrort | | die Ruhr überqueren, am Kreisel auf den Ruhrdeichdamm abbiegen | / 5 km |
| 1 | — | Duisburg-Meiderich | | vom Landschaftspark »altes Hüttewerk« durch die Stadt zum Hafen | |

## INFORMATION

**• Dortmund**
Ruhrgebiet Touristik GmbH
Königswall 21
44137 Dortmund
Tel. (0231) 1 81 61 86
Fax (0231) 1 81 61 88
Internet www.ruhrgebiettouristik.de

**• Essen**
Kommunalverband Ruhrgebiet
Abt. Öffentlichkeitsarbeit
Kronprinzenstraße 35
45032 Essen
Tel. (0201) 2 06 90
Fax (0201) 2 06 95 01

BRUCKMANN

# UNTERKUNFT

**• Essen**
Gasthaus zur Magarethenhöhe
Steile Straße 46
Tel. (0201) 71 54 33
45159 Essen
Die preiswerte Herberge liegt in der sehenswerten Siedlung für Krupp-Arbeiter.

Hotel Schloss Hugenpoet
August-Thyssen-Straße 51
45219 Essen-Kettwig
Tel. (02054) 1 20 40
Noble Unterkunft mit hervorragender Küche.

# ESSEN & TRINKEN

**• Hattingen**
Burg Blankenstein
Burgstraße 16
45527 Hattingen-Blankenstein
Tel. (02324) 3 32 31
Grillspezialitäten in altem Mauerwerk hoch über der Ruhr. Auch bei Motorradfahrern sehr beliebt.

**• Frittenbuden**
Das Stammgericht der Ruhrgebietbewohner und Motorradfahrer, Fritten rot/weiß, ist an jeder Straßenecke erhältlich.

## SEHENSWERT

**• Duisburg**
Der Rhein-Ruhr-Hafen ist der größten Binnenhafen Europas und lässt sich am besten mit einer Hafenrundfahrt ab Duisburg Ruhrort erkunden.

**• Landschaftspark Duisburg-Nord**
Das ehemalige Hüttenwerk in Meiderich wurde in ein Freizeitzentrum mit Gastronomie, Veranstaltungen und zahlreichen Betätigungsmöglichkeiten umgewandelt.

**• Essen**
Die Villa Hügel war bis 1945 das Domizil der

Krupps. Die 269-Zimmer-Villa kann heute kostenfrei besichtigt werden. Häufig werden Sonderausstellungen gezeigt.
Täglich 10–16 Uhr .

# Roadbook 5

## Nordrhein-Westfalen

**Gebiet:** Sauerland
**Region:** Rheinisches Mittelgebirge
**Routenverlauf:** Lennestadt – Schmallenberg – Olsberg – Brilon – Winterberg – Bad Berleburg – Lennestadt
**Gesamtstrecke:** 168 km

| Nr. | Straße km | Position | Richtung | Information | |
|---|---|---|---|---|---|
| 8 | B 64 / 36 km | Kirchhundem | | zurück nach Lennestadt | B 64 / 36 km |
| 7 | B 480 / 26 km | Bad Berleburg | | durchs romantische Edertal, auf der B 64 in Richtung Kirchhundem zum Rhein-Weser-Turm und weiter, | B 480 / 26 km |
| 6 | B 480 / 31 km | Winterberg | | Traumstrecke durch das Gebiet des Kahlen Asten | B 480 / 31 km |
| 5 | B 7 / 9 km | Brilon | | oder über die B 251 Richtung Willingen, nach circa 7 km Abzweigung nach Bruchhausen | B 7 / 9 km |
| 4 | 30 km | Olsberg | | Richtung Brilon | 30 km |
| 3 | 12 km | Alt-Astenberg | | nicht nach Winterberg abfahren, sondern die schmale Straße in Richtung Siedlungshausen, schöne Strecke über Elpe und Wasserfall | 12 km |
| 2 | 2 km | Oberbergen | | in Oberbergen zweigt eine schmale Straße zum Kahlen Asten ab | 2 km |
| 1 | B 236 / 22 km | Schmallenberg | | von Lennestadt über die B 236 in Richtung Winterberg | B 236 / 22 km |

## INFORMATION

- **Hochsauerland-Touristik**
Heinrich-Jansen-Weg 14
59929 Brilon
Tel. (02961) 94 32 27
Fax (02961) 94 32 47
E-Mail touristik@hochsauerland.de
Internet www.sauerland-touristik.de

- **Südsauerland-Touristik**
Seminarstraße 22
57462 Olpe
Tel. (02761) 94 57 30
Fax (02761) 94 57 33
E-Mail südsauerland@t-online.de

## UNTERKUNFT

- **Winterberg**
Hotel Kirch Meier
Altastenberg
59955 Winterberg
Tel. (02981) 8 05-0
Fax (02981) 8 05-0
E-Mail Info@hotel-kirchmeier.de
Internet www.hotel-kirchmeier.de

- **Brilon**
Landhotel Menke
Korbacher Str. 15
59929 Brilon-Wald
Tel. (02961) 22 12
Fax (02961) 5 23 70
Internet www.landhotel-menke.de

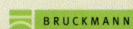 BRUCKMANN

## ESSEN & TRINKEN

### • Schmallenberg-Oberkirchen
Seit 1774 kommen Reisende in das
Landgasthaus Schütte. Gerühmt für seine heraus-
ragende Küche. Mit Hotelbetrieb.
Eggeweg 2
57392 Schmallenberg-Oberkirchen
Tel. (02975) 8 20
Fax (02975) 8 25 22

## SEHENSWERT

### • Attahöhle
Die unterirdische Wunderwelt der Attahöhle ist
ganzjährig geöffnet. Eine Führung dauert 40 Min.
Öffnungszeiten: 9.30–16.30 Uhr (Sommerhalb-
jahr); 10.30–15.30 Uhr und montags geschlossen
(Winterhalbjahr).
Anmeldung und weitere Auskünfte:
Attendorner Tropfsteinhöhle,
57425 Attendorn,
Tel. (02722) 93 75-0, Fax (02722) 93 75-25

### • Winterberg
Der Kahlen Asten ist mit einer Höhe von 842 m
die höchste Erhebung Nordrhein-Westfalens. Von
der 23 m hohen Plattform des Turmes bieten sich
phantastische Fernblicke über das Sauerland.

## VERANSTALTUNGEN

### • Warstein
Anfang September: Internationale
Montgolfiade mit hunderten von
Heißluftballons. Information:
Warstein Touristik e.V., Tel. (02902)81-0
Internet www.warstein.de

### • Winterberg
Februar: Für Winterfahrer lohnt sich ein
Besuch des professionellen
Schlittenhunderennen.
Auskunft: Tourist-Information
Tel. (02981) 9 25 00
Internet www.winterberg.de

### • Meschede
Oktober: Der Sauerland Herbst ist das
bedeutendste Blechbläserfestival im Sauerland
mit Workshops und kulinarischen
Spezialitäten. Veranstalter und Information:
Hochsauerlandkreis/Kultur
Tel. (0291) 94 12 70, Fax (0291) 94 12 18,
Internet www.sauerland-herbst.de

### • Lennestadt
Juni–September: Karl-May-Festspiele
Freilichtbühnen Elspe-Festival.
Auskunft: Tel. (02721) 9 44 40

# Roadbook 6

## Nordrhein-Westfalen

**Gebiet:** Bergisches Land
**Region:** Rheinisches Mittelgebirge
**Routenverlauf:** Wiehl – Waldbröl – Nümbrecht – Altenberge – Schloss Burg – Wermelskirchen – Marienheide
**Gesamtstrecke:** 151 km

| Nr. | Straße km | Position | Richtung | Information | |
|---|---|---|---|---|---|
| 9 | 18 km | Engels-kirchen | ↑ | Anschluss an die Autobahn | 18 km |
| 8 | B 237 31 km | Marienheide | ↱ | Motorradwandern durchs Leppetal | ✳ 🅿 / B 237 31 km |
| 7 | 8 km | Wermels-kirchen | ↰ | in Richtung B 237, auf der Bundesstraße bleiben in Richtung Hückeswagen und Wipperfürth | ✳ 🅿 / 8km |
| 6 | 17 km | Schloss Burg | ↱ | in Richtung Wermelskirchen, viele Kurven | ✳ 🅿 🏛 / 17 km |
| 5 | 23 km | Altenberge | ↑ | in Richtung Wermelskirchen, kurz vor Wermelskirchen Abzweigung nach Schloss Burg | ✳ ✕ 🅿 🅿 / 23 km |
| 4 | 22 km | Overath | ↱ | kurzes Stück auf der B 484, in Vilkerath abbiegen in Richtung Kürten, dann Odenthal, viele kleine Straßen, Motorradidylle | 🅿 🏠 / 22 km |
| 3 | 9 km | Nümbrecht | ↰ | auf winzigen, schön zu fahrenden Landstraßen nach Much und weiter nach Overath | ✳ 🅿 ✕ / 9 km |
| 2 | B 256 16 km | Waldbröl | ↱ | alle zwei Wochen donnerstags Viehmarkt, Abzweigung nach Nümbrecht | 🏛 / B 256 16 km |
| 1 | B 256 7 km | Wiehl | ↑ | ab Autobahnabfahrt Gummersbach in Richtung Wiehl, auf der Bundesstraße B 256 bleiben in Richtung Waldbröl | 🏛 / B 256 7 km |

## INFORMATION

• **Bergisches Land Touristik GmbH**
Hauptstraße 47–51
51465 Bergisch Gladbach
Tel. (02204) 29 36-0
Fax (02204) 29 36-36
E-Mail info@b-l-t.de
Internet www.b-l-t.de

• **Touristik-Verband Oberbergisches Land**
Moltkestraße 34
51643 Gummersbachl
Tel. (02261) 88-69 09
Fax (02261) 88-18 08
E-Mail zweckverband@bergischesland.de
Internet www.bergischesland.de

## UNTERKUNFT

• **Kürten-Unterbersten**
Landhaus Fuchs
Unterbersten 27
51515 Kürten
Tel. (02268) 72 86
Fax (02268) 29 88

## ESSEN & TRINKEN

Die berühmte Bergische Kaffeetafel wird in zahlreichen Gaststätten, Hotels und Restaurants angeboten, u.a.:

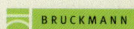
BRUCKMANN

- **Zur alten Post**
Humperdinckstraße 6
51588 Nümbrecht
Tel. (02293) 91 18-0, Fax (02293) 91 18-18

- **Altenberger Hof**
Eugen-Heine-Platz 7
51519 Altenberg
Tel. (02174) 49 70
Fax (02174) 49 71 23

## SEHENSWERT
- **Wiehler Tropfsteinhöhle**
Abfahrt A4 Gummersbach Wiehl, ca. 1km bis
Wiehl. Der Abstieg in die Höhle führt in eine
Traumlandschaft. Die Führung dauert 30 Min.
Im Sommer täglich von 9 bis 17 Uhr geöffnet;
im Winterhalbjahr nur an den Wochenenden.
Internet www.akkh.de/wiehlerhöhle.html

- **Wiehl**
Museum »Achse, Rad und Wagen«
Ohlerhammer
51674 Wiehl
Führungen nach Anmeldung
Tel. (02262) 78 12 80

- **Schloss Burg**
Schlossplatz 2
42659 Solingen-Burg
Tel. (0212) 24 22 6-0
Mit Bergischem Museum, geöffnet täglich
10–18 Uhr, montags 13–18 Uhr.

- **Schloss Homburg**
51588 Nümbrecht
Tel. (02293) 91 01-0
Museum des Oberbergischen Kreises, geöffnet
Di–Sa 10–17 Uhr, sonntags 10–18 Uhr,
November–März geschlossen.

## VERANSTALTUNGEN

- **Viehmarkt**
Vierzehntägig: Bereits seit 1851 besteht in Wald-
bröl ein Vieh- und Krammarkt, der alle 14 Tage
donnerstags stattfindet.
Informationen: Stadtverwaltung Waldbröl
Tel. (02291) 85-1 04

- **Stockhausentage**
August: Karlheinz Stockhausen, der renommierte
Komponist zeitgenössischer Musik, wird einmal
jährlich von seiner Heimatgemeinde Kürten mit
Aufführungen seiner Werke und Workshops ge-
ehrt. Auskünfte: Tel. (0221) 49 58 63

- **Wiehler Jazztage**
Mai: An 9 Tagen im Mai finden alljährlich die
Wiehler Jazztage mit international bekannten Ja-
zzmusikern statt. Auskünfte:
Touristinformation Wiehl
Tel. (02262) 99-1 95
Fax (02262) 99-2 85

# Roadbook 7

## Nordrhein-Westfalen

**Gebiet:** Köln
**Region:** Rheinland
**Routenverlauf:** Altstadt – Rheinauhafen – Südstadt – Rodenkirchen
**Gesamtstrecke:** 9 km

| Nr. | Straße km | Position | Richtung | Information | |
|-----|-----------|----------|----------|-------------|---|
| 4 | B 9 / 5 km | Rodenkirchen | ← | auf der B 9 bleiben bis zur Abbiegung nach Rodenkirchen, weiter entlang des Rheins unter der großen Hängebrücke hindurch | B 9 / 5 km |
| 3 | B 9 / 1 km | Südstadt | ↑ | rechter Hand liegt die als Wohn- und Kneipenviertel (Früh em Veedel) beliebte Südstadt | B 9 / 1 km |
| 2 | B 9 / 2 km | Schokoladenmuseum | ↑ | auf der Rheinuferstraße südwärts in Richtung Bonn bis zum Rheinauhafen | B 9 / 2 km |
| 1 | 1 km | Altstadt | ↑ | Gewirr aus engen Gassen, Einbahnstraßen und Fußgängerzonen, aber befahrbar, alle Sehenswürdigkeiten liegen dicht beieinander | 1 km |

 **INFORMATION**

• **Köln**
Tourismus Office
Unter Fettenhennen 19
50667 Köln
Tel. (0221) 1 94 33 oder 2 21 33 45
E–Mail koelntourismus@koeln.org
Internet www.koeln.org/koelntourismus

 **UNTERKUNFT**

Übernachtungen fallen in Köln meist in die Kategorie der gehobenen Preisklasse. Während der großen Messen ist in der ganzen Stadt und Umgebung auch für viel Geld kein Bett zu bekommen. Da hilft nur frühzeitiges Buchen.

• **Köln**
Jugendherberge
Siegestraße 5a
50679 Köln
Tel. (0221) 81 47 11
Preisgünstigste Möglichkeit zu nächtigen. Am Rande der Innenstadt.

Novotel Köln
Bayenstraße 51
50678 Köln
Tel. (0221) 80 14 70
Fax (0221) 80 14 71 48
Internet www.Novotel.de
Zentral am Rheinauhafen gelegen. Für Biker Sonderangebote pro Person und Nacht im DZ, inklusive Frühstücksbuffet – gültig von Freitag bis Sonntag, in der Nacht vor Feier- und Brückentagen sowie Juli/August täglich. Für das Motorrad ist eine überdachte Unterbringung gewährleistet – außerdem erhält man einen Aral-Tank-/Warengutschein.

Dom-Hotel
Domkloster 2a
50667 Köln
Tel. (0221) 2 02 40
Fax (0221) 2 02 44 44
Mit Blick auf den Dom. Nach wie vor die erste Adresse in Köln.

 **ESSEN & TRINKEN**

• **Köln**
So international wie Stadt ist ihre Küche. Typisch jedoch sind die Kölner Brauhäuser, in denen neben Kölsch auch rheinische Küche serviert wird. Die beliebtesten sind:

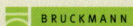

– Brauhaus Päffgen, Friesenstraße
– Früh, Am Heinzelmännchenbrunnen
– Früh em Veedel, An der Severinstorburg
 (täglich frische Reibekuchen)

## ROLLER–VERLEIH
• **KÖLN**
Städtetaugliche Roller mit 50 Kubik
Hubraum verleiht die Firma Huber,
Niehler Kirchweg 41
50679 Köln-Nippes
Tel. (0221) 7 60 28 04
Fax (0221) 76 41 77

## SEHENSWERT
• **Köln**
Dom. Grundsteinlegung 1248. Bedeutende Glas-malereien und Skulpturen der hohen Gotik, Stephan-Lochner-Altarbild, Schrein der Heiligen Drei Könige sowie Schatzkammer. Historisches Rathaus mit Renaissancehalle. Kranz von zwölf bedeutenden romanischen Kirchen in der Innenstadt, unter anderem: St. Andreas, St. Aposteln, St. Gereon, Groß St. Martin, Maria im Kapitol, St. Severin. Das Neue Wallraff-Richartz-Museum liegt zwischen Rathaus und Gürzenich.
Das Museum Ludwig zeigt Kunst des 20. Jahrhunderts; das Römisch-Germanische Museum beherbergt das Dionysos-Mosaik, das Poblicius-Grabmal und eine römische Glassammlung. Beide Museen unter einem Dach mit der Philharmonie unmittelbar neben dem Dom. Das Imhoff-Stollwerk-Museum lockt Schokoladensüchtige aus aller Welt in den Rheinauhafen.

# Roadbook 8
## Nordrhein-Westfalen

**Gebiet:** Mittelrhein
**Region:** Rheinland
**Routenverlauf:** Bonn – Bad Hönningen – Koblenz – Braubach – St.Goar – Bingen
**Gesamtstrecke:** 128 km

| Nr. | Straße km | Position | Richtung | Information | |
|-----|-----------|----------|----------|-------------|---|
| 3 | B 9 / 28 km | Bingen | | mit der Fähre übersetzen nach St.Goar, entweder die kurvigen Rheingoldstraße über die Höhen oder der B 9 am Rhein folgen | B 9 / 28 km |
| 2 | ___ / 25 km | St. Goar-hausen | | über die Burgen-Lorely-Straße durch den Taunus, alternativ auf der B 42 am Rhein entlang | 25 km |
| 1 | B 42 / 75 km | Braubach | | von Bonn aus rechtsrheinisch auf der Bundesstraße über Bad Hönningen und Koblenz bis nach Braubach (Marksburg) | B 42 / 75 km |

## INFORMATION

**• St.Goar**
Rheintouristik »Im Tal der Loreley«
Heerstraße 86
56329 St.Goar
Tel. (06741) 13 00
Fax (06741) 9 31 93
E-Mail TalderLoreley@t-online.de
Internet www.TalderLoreley.de

**• Bad Honnef-Königswinter**
Tourismus Siebengebirge GmbH
Hauptstraße 30
53604 Bad Honnef
Tel. (02224) 90 06 36
Fax (02224) 7 96 87

## UNTERKUNFT

**• Bonn-Godesberg**
Hotel Godesburg
Auf dem Godesberg 5
53177 Bonn
Tel. (0228) 31 60 71
Fax (0228) 31 12 18
Modernes Hotel und Restaurant auf der Godesburg.

**• Linz**
Hotel Weinstock
Linzhausenstraße 38
53545 Linz/Rhein
Tel. (02644) 24 59
Fax (02644) 88 57
Internet www.Hotel-Weinstock.de
Rheinisches Traditionshotel mit regionaler und saisonaler Küche, Gartenterrasse, Garagen und Biker-Treff.

**• Oberwesel**
Burghotel
Auf der Schönburg
55430 Oberwesel
Tel. (06744) 93 93 0
Fax (06744) 16 13
Wohnen im Roten Palas. Nicht ganz billig.

## ESSEN & TRINKEN

**• Kaub**
Hotel Deutsches Haus
Schulstraße 1
56349 Kaub
Tel. (06774) 2 66, Fax (06774) 91 91 20
E-Mail Deutsches.Haus.Kaub@t-online.de
Herausragende Küche, zu bezahlbaren Preisen, die beste am Mittelrhein.
Günstige Zimmer. Montags geschlossen.

 BRUCKMANN

## • Kamp-Bornhofen

Im Volksmund werden sie »Die Feindlichen Brüder« genannt, die Burgen Liebenstein und Sterrenberg liegen malerisch dicht beeinander. Auf beiden Burgen Gastro-nomiebetrieb, auf der Sterrenberg auch Übernachtungsmöglichkeit.
Tel. (06773) 3 08 und 3 23

## SEHENSWERT

## • Braubach

Marksburg.
Einzige unzerstörte Höhenburg am Mittelrhein. Sitz der Deutschen Burgenvereinigung. Führungen zu jeder vollen Stunde. Gezeigt werden Reitertreppe, Rüstungs– und Folterkammer, gotischer Palas, Weinkeller, Schmiede etc.
Öffnungszeiten: Ostern bis Oktober täglich

10–17 Uhr; November bis Ostern 11–16 Uhr.
Tel. (02627) 2 06

## • Lahnstein

Burg Lahneck. Romantische Burg über der Lahnmündung mit sehenswerter Kapelle und Rittersaal. Besichtigung: von April bis Oktober täglich. Gutes Restaurant mit Terrasse.
Tel. (02621) 27 89 und 22 44

## • Koblenz

Burg Stolzenfels. Wurde im 19.Jahrhundert wieder aufgebaut und diente Friedrich Wilhelm IV. von Preußen als Sommerresidenz.
Öffnungszeiten: 9–17 Uhr (Sommer) bzw. 16 Uhr (Winter). Montags und im Dezember geschlossen. Auskunft: Tel. (0261) 5 16 56

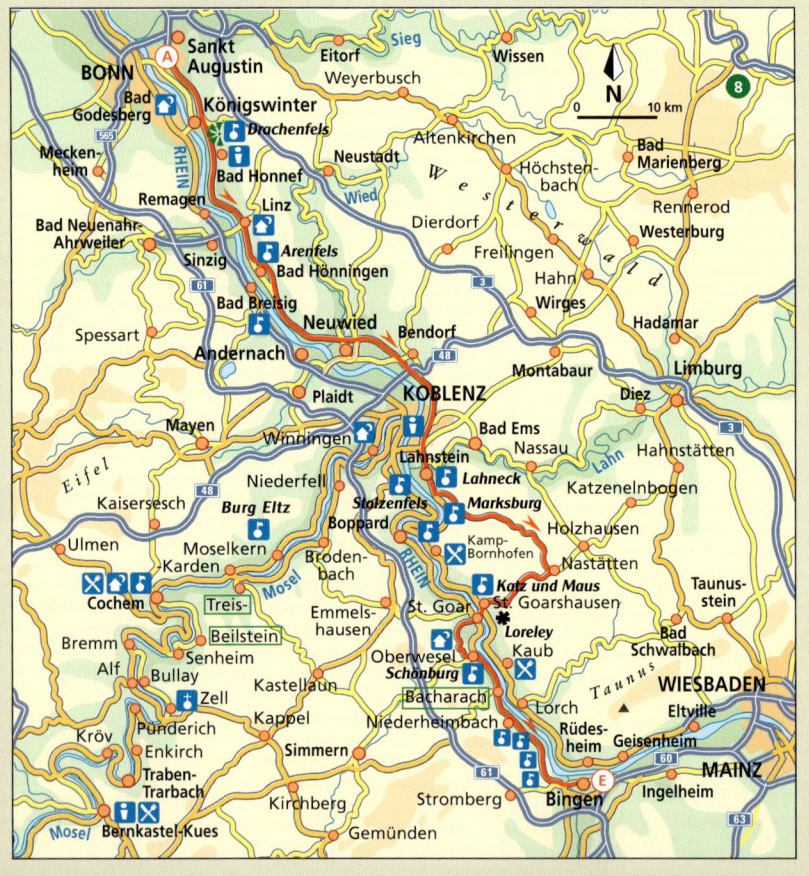

# Roadbook 9
## Nordrhein-Westfalen

Gebiet: **Eifel**
Region: **Moselfranken**
Routenverlauf: Neuenahr – Ahrbrück – Kaltenborn – Nürburgring – Adenau – Müsch – Altenahr
Gesamtstrecke: **95 km**

| Nr. | Straße km | Position | Richtung | Information | |
|---|---|---|---|---|---|
| 6 | B 257 28 km | Müsch | | dem stillen Oberlauf der Ahr flussabwärts folgend über Schuld nach Dümpelfeld, auf der B 257 zurück nach Ahrbrück und Altenahr | B 257 28 km |
| 5 | B 258 12 km | Adenau | | in Richtung Blankenheim, das letzte Stück nach Müsch führt über die B 258 | B 258 12 km |
| 4 | B 257 21 km | Nürburgring | | in Richtung Adenau, die Bundestraße führt quer durch das der Gelände der Nordschleife | B 257 21 km |
| 3 | 14 km | Kaltenborn | | über die Höhe Acht zur B 412, rechts zum Nürburgring, nach links Abstecher in Richtung Schloss Bürresheim und Maria Laach | 14 km |
| 2 | B 257 6 km | Ahrbrück | | das Kesslinger Tal gilt als eine der schönsten Strecken in der Eifel, schmale Straße | B 257 6 km |
| 1 | B 267 14 km | Altenahr | | von Bad Neuenahr durch das romantische Ahrtal | B 267 14 km |

## INFORMATION

- **Koblenz**
Rheinland-Pfalz Tourismus GmbH
Löhrstraße 103–105
56068 Koblenz
Tel. (0261) 9 15 20-0
Fax (0261) 9 15 20-40
E-Mail info@rlp-info.de
Internet www.rlp-info.de

- **Bad Neuenahr-Ahrweiler**
Touristik-Service Ahr/Rhein/Eifel
Postfach 1340
553458 Bad Neuenahr-Ahrweiler
Tel. (02641) 97 73 0

## UNTERKUNFT

- **Mayschoß**
Gasthof Pension Krämer-Koch
Bundesstrasse 26
53508 Mayschoß/Ahrtal

Tel. (02643) 83 02
Fax (02643) 83 02
Internet www.gasthof-kraemer.de
Gemütlicher Gasthof im Ahrtal, ideal
für Touren durch die Eifel. Besitzer ist aktiver
Biker; Garagen und Unterstellmöglichkeiten
vorhanden.

- **Adenau-Breidscheid**
Bikerhotel an der Nordschleife
Trierer Str. 15
53518 Adenau/Breidscheid
Tel. (02691) 93 01 58
Fax (02691) 93 08 66
Internet www.Hotel-an-der-
Nordschleife.de
Das Hotel liegt direkt an der Auffahrt zur Nord-
schleife in Breidscheid. Besucher können von
hier selber zu Runden auf dem Rennkurs star-
ten oder das Renngeschehen hautnah als Zu-
schauer verfolgen.

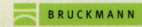

## ESSEN & TRINKEN

• **Adenau**
Hotel-Restaurant »Blaue Ecke«
Am Marktbrunnen
53518 Adenau
Tel. (02691) 20 05
Fax (02691) 38 05
Internet www.blaue-ecke.de
Das historische Haus ist eine traditionelle Anlaufstelle für erfahrene Tourer. Die Küche wird von ihnen gerühmt, da sie neben französischen und
spanischen Spezialitäten auch die Köstlichkeiten
der Eifel anbietet. 5 km vom Nürburgring entfernt. Tourentipps, Garage, Schrauberecke.

• **Ahrbrücke**
Futterkrippe
Ebenso traditioneller Zwischenstopp für den klei-
nen Hunger. Gastronomisch gesehen zählt die
Futterkrippe eher zu den Basics.

## SEHENSWERT

• **Maria Laach**
Bedeutende romanische Benediktinerabtei am
Laacher See.

• **Schloss Bürresheim**
Erstmals 1157 erwähnt. Öffnungszeiten:
9–13 Uhr und 14–18 Uhr (im Winter nur bis
17 Uhr). Montags und im Dezember geschlossen.

• **Ahrweiler**
Schöner mittelalterlicher Ort mit restaurierter
Stadtmauer und Stadttoren.

# Roadbook 10

## Nordrhein-Westfalen

**Gebiet:** Mosel
**Region:** Moselfranken
**Routenverlauf:** Koblenz – Winningen – Cochem – Beilstein – Bremm – Zell – Berncastel-Kues
**Gesamtstrecke:** 135 km

| Nr. | Straße / km | Position | Richtung | Information | | |
|---|---|---|---|---|---|---|
| 6 | B 53 / 42 km | Berncastel-Kues | | Weiterfahrt auf der Bundesstraße bis Trier | ✳ 🚹 ❌ 🏛 | **B 53** 42 km |
| 5 | B 53 / 12 km | Zell | | in Richtung Traben-Trabach, ab Kröv kann man auch auf der den Bundesstraße gegenüberliegenden Uferstraßen weiterfahren | 🍃 ✳ | **B 53** 12 km |
| 4 | B 49 / 15 km | Bremm | | mit der Fähre übersetzen, weiter auf der B 49 | 🍃 ✳ | **B 49** 15 km |
| 3 | / 15 km | Beilstein | | über die Moselbrücke ans südliche Ufer, enge Straße mit Serpentinen | ✳ 🚹 🛏 | 15 km |
| 2 | B 49 / 40 km | Cochem | | auf der Bundesstraße bleiben, Abbiegung zur Burg Eltz in Moselkern | ✳ 🏠 🚹 ❌ 🍃 | **B 49** 40 km |
| 1 | B 416 / 11 km | Winningen | | von Koblenz auf dem nördlichen Moselufer in Richtung Cochem | 🏞 🏠 | **B 416** 11 km |

## INFORMATION

- **Bernkastel-Kues**
Gestade 12–14
54470 Bernkastel-Kues
Tel. (06531) 20 91
Fax (06531) 20 93
Internet www.mosellandtouristik.de

- **Koblenz**
Rheinland-Pfalz Tourismus GmbH
Löhrstraße 103–105
56068 Koblenz
Tel. (0261) 9 15 20–0
Fax (0261) 9 15 20–40
E-Mail info@rlp-info.de
Internet www.rlp-info.de

## UNTERKUNFT

- **Winningen**
Hotel Emmerich
Raiffeisenstr. 15
56333 Winningen/Mosel
Tel. 02606/537
Fax 02606/2904
Internet www.winningen.com/hotel-emmerich
Ausgangspunkt für Touren entlang der Mosel, durch die Eifel, den Hunsrück und Westerwald. 40 km bis zum Nürburgring. Spezielle Angebote für Motorradfahrer.

- **Cochem**
Hotel Pension Villa Tummelchen
Schloßstr. 22
56812 Cochem
Tel. (02671) 91 05 20
Fax (02671) 91 05 21
Internet www.moselpension.de
Romantisch eingerichtete Zimmer (nur Nichtraucherzimmer, Raucherzonen sind vorhanden). Unterstellmöglichkeiten, Werkzeug, Lunchpakete, Tourenplanung, Waschgelegenheit sowie Trockenraum für Motorräder und Fahrer.

## ESSEN & TRINKEN

● **Bernkastel-Kues**
Weinprobe in der Moselland eG
Bornwiese 6
54470 Bernkastel-Kues
Tel. (06531) 5 70
Weinkulturelles Zentrum im historischen
Gewölbekeller.

● **Cochem**
Weinprobe jeden Donnerstag um 20 Uhr (von
April bis November) in den Weingütern oder
nach Vereinbarung, Auskunft:
Tourist Information, Tel. (02671) 60 04-0

## SEHENSWERT

● **Cochem**
Reichsburg Cochem. Die Gemäuer hoch über
dem Weinstädtchen Cochem gehen auf das Jahr
1000 zurück. Innen sind sie mit Möbeln aus
Barock und Renaissance ausgestattet. Geöffnet
vom 15. März bis 1. November. Führungen
9–18 Uhr. Auskunft:
Tourist Information, Tel. (02671) 60 04–0

● **Moselkern**
Die Burg Eltz überlebte 800 Jahre ohne Zerstörung
und gilt daher als Kleinod unter den deutschen
Burg. Einst zierte sie gar den 50-DM-Schein.
Geöffnet vom 1. April bis 31. Oktober, werktags
9–17.30 Uhr, sonn- und feiertags 10–17.30 Uhr.
Auskunft: Tel. (02672) 95 05 00

● **Bernkastel-Kues**
Mittelalterlicher Marktplatz, weinkulturelles
Zentrum, Cusanus Geburtshaus, Cusanus Stift,
Puppen- und Spielzeugmuseum.

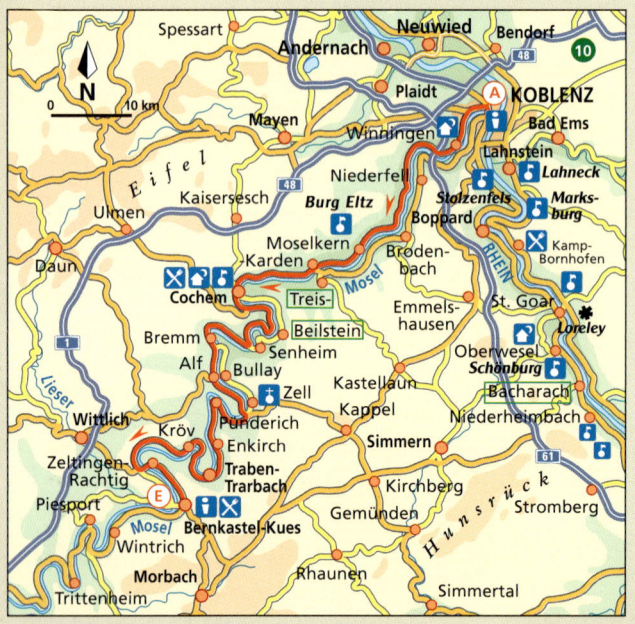

| Nr. | Straße km | Position | Richtung | Information | |
|---|---|---|---|---|---|
| 18 | | | | | |
| 17 | | | | | |
| 16 | | | | | |
| 15 | | | | | |
| 14 | | | | | |
| 13 | | | | | |
| 12 | | | | | |
| 11 | | | | | |
| 10 | | | | | |
| 9 | | | | | |
| 8 | | | | | |
| 7 | | | | | |
| 6 | | | | | |
| 5 | | | | | |
| 4 | | | | | |
| 3 | | | | | |
| 2 | | | | | |
| 1 | | | | | |

| Nr. | Straße $\frac{}{km}$ | Position | Richtung | Information | |
|---|---|---|---|---|---|
| 18 | | | | | |
| 17 | | | | | |
| 16 | | | | | |
| 15 | | | | | |
| 14 | | | | | |
| 13 | | | | | |
| 12 | | | | | |
| 11 | | | | | |
| 10 | | | | | |
| 9 | | | | | |
| 8 | | | | | |
| 7 | | | | | |
| 6 | | | | | |
| 5 | | | | | |
| 4 | | | | | |
| 3 | | | | | |
| 2 | | | | | |
| 1 | | | | | |